中国梦系列

黄河湾

——黄河岸边的抗战

尚道庆　著

中原出版传媒集团
大地传媒

大象出版社
·郑州·

图书在版编目(CIP)数据

黄河湾 ：黄河岸边的抗战 / 尚道庆著.— 郑州 ：大象出版社，2016. 2 (2017. 12 重印)
(中国梦系列)
ISBN 978-7-5347-8106-3

Ⅰ. ①黄… Ⅱ. ①尚… Ⅲ. ①抗日战争—史料—原阳县 Ⅳ. ①K265. 06

中国版本图书馆 CIP 数据核字(2015)第 140183 号

HUANGHEWAN

黄河湾

——黄河岸边的抗战

尚道庆 著

出版人 王刘纯
责任编辑 郑强胜
责任校对 钟 骄
装帧设计 王 敏

出版发行 大象出版社(郑州市开元路 16 号 邮政编码 450044)
发行科 0371-63863551 总编室 0371-65597936
网 址 www.daxiang.cn
印 刷 新乡市豫北印务有限公司
经 销 各地新华书店经销
开 本 787mm×1092mm 1/16
印 张 8
字 数 73 千字
版 次 2016 年 2 月第 1 版 2017 年 12 月第 3 次印刷
定 价 19.00 元
若发现印、装质量问题，影响阅读，请与承印厂联系调换。
印厂地址 新乡县翟坡镇兴宁村
邮政编码 453000 电话 0373-5635065

作者简介

尚道庆，1948年9月出生，河南省原阳县人。1968年参加中国人民解放军，历任班长、排长。1978年转业，转业后历任原阳县桥北乡武装部干事、副部长、部长、党委委员等职。从1984年到1994年该乡武装部连续十年被原阳县人民武装部、新乡军分区评为“先进基层武装部”。1995年、1996年被河南省军区评为先进个人。2008年退休后，积极参加社会公益活动，现任《新乡晚报》老年记者。

尚道庆在为女儿讲解历史

序

前事不忘，后事之师。在伟大的抗日战争胜利70周年之际，我有幸读到尚道庆老师撰写的纪实抗战作品《黄河湾——黄河岸边的抗战》。作品以纪实手法再现了当年原阳黄河儿女抗击日本侵略者的英雄形象与斗争智慧。掩卷沉思，我对这本书的作者尚道庆老师充满敬意，书中的故事都是他多年来亲自采访原阳县曾经历过那场战争的人物所凝练而成。尚老师现已年逾七旬，按说他完全可以颐养天年，但强烈的使命感促使他将多年搜集积累的抗日素材结集成书，以警醒后人不忘国耻，永远铭记那段历史。

进入21世纪后，抗日战争的岁月渐行渐远，战争的残酷和战争的史实正在淡出人们的视线。许多年轻人对日本军国主义给中国人民造成的惨痛历史记忆模糊，对抗日战争的伟大意义缺乏真切感受。因此《黄河湾——黄河岸边的抗战》这本书的出版，对于全社会充分了解战争年代基层人民参加抗战的情结，感受以原阳县青年群众为代表的抗日力量，积极加入共产党，与日军展开不屈不挠的斗争精神，具有重要作用。

历史已经远去，但日本军国主义给中国人民造成的伤痛不能忘却，中国人民抗击侵略的英雄壮举值得永远缅怀。70年后的今天，尚道庆老师为了让后人了解原阳县抗战史实，不顾年老体衰跑遍原阳县的村村落落，逐个寻找亲历那场战争的老人，请他们诉说当年发生的战争细节，再现斗争的残酷与艰难。他作为记录者，踏遍了原阳的每个村庄，收集了数以几十万计的珍贵历史资料。他通过自己的辛勤耕耘，就是为了让人们永远铭记这段历史。他的这种精神深深地感动了我，他的爱国情怀与奉献精神值得我们学习。

2015年是世界反法西斯战争暨中国抗日战争胜利70周年。70年前中国人民经过8年艰苦卓绝的抗战，取得了抗日战争的伟大胜利，为世界反法西斯战争的胜利做出了巨大贡献。中国人民抗日战争是世界反法西斯战争的重要组成部分，是世界反法西斯战争的东方主战场，70年以前，在国家和民族危难之际，面对凶恶的日本侵略者，中华儿女同仇敌忾，众志成城，前仆后继，英勇斗争，进行了一场波澜壮阔的全民族的伟大抗战，用鲜血和生命谱写了正义战胜邪恶、光明战胜黑暗、进步战胜反动的英雄史诗。在中国抗日战争胜利70周年之际，这本书的出版，既是对黄河儿女英勇抗战的伟大爱国精神和民族气节的最好纪念，也是激发全国各民族勿忘国耻，爱我中华，奋发图强的热情，为全面建成小康社会、实现伟大的中国梦提供强大的精神动力。

罗运华

2015年2月10日

前言

1937年，卢沟桥事变爆发，日本侵略者的铁蹄踏入中国，大半个中国很快沦陷，中华民族处于水深火热之中，中国告急！华北告急！豫北平原告急！

1937年11月5日，日军占领安阳。1938年1月3日，日本侵略者从安阳南下，先后占领新乡、辉县、获嘉、卫辉。同时由山东过来的另一支日军相继占领原武、阳武、长垣、封丘、延津等地，猖狂的日军到处烧杀抢掠，其侵华暴行罄竹难书……

1938年2月14日，日军进攻国民党29军驻防在卫辉的杨井村。他们先用大炮轰击，继以坦克开道，步兵、骑兵跟进。守军英勇抵抗，毙敌200余人，后寡不敌众，守军退出杨井村。日军进村后，开始了大屠杀，抓到妇女先奸后杀，抓到男人用刺刀戳死，然后架到火上焚尸。一名12岁少年被日本兵活活撕成两半，其状惨不忍睹。不足500人口的村庄，被日军用枪杀、刀砍、割喉、挖心、犬咬等手段杀死60多人。这就是日军制造的“杨井村血案”。

1938年2月17日，国民党29军宋哲元部向西撤退。日军占领新乡，新乡百姓陷入水深火热之中。

1938年3月，日军在新乡境内到处杀人放火，仅3月25日在长垣一次就杀害无辜群众1700余人，制造了骇人听闻的“屠城惨案”。

1938年，日军占领原武、阳武。两县惨遭日军屠戮，死亡者不计其数。

为了反抗日军的侵略，一大批中华民族的优秀儿女，在中国共产党的领导下，同仇敌忾，奋起抗敌。

在牧野大地、黄河岸畔的原武、阳武二县，活跃着一支抗日武装。在支队长卞城、政委李进军的领导下，他们发动群众，组织民众，团结友军，扩大武装，与日军进行着殊死的斗争。他们以大无畏的精神，带领广大人民群众与日军展开不屈不挠的斗争。在原阳大地谱写了一曲惊天地、泣鬼神的正气之歌，在原阳人民群众中树立了不朽的丰碑。

九曲黄河，浪花追逐，诉说着五千年的传奇英雄。他们为了中华振兴，谱写着一曲曲动人的凯歌。

水出邙山，冲积成平原的黄河湾。抗日战争时期，在这里，一群热血青年，生在黄河湾，喝着黄河水，吃着岸边粮，以卞城、李进军、郭超、赵恒、孟厚、刘子芳等为骨干的青年，在中共太行军区第七分区党委的指导下，从组织“青年抗日救国会”到建立原武中学第一个党支部，从几十个人的游击队到创建原阳县抗日大队县支队，从开辟扩大游击区到进行多次反扫荡战斗，从拔掉日军据点到攻克县城夺取抗日战争全面胜利，无不凝聚着这群黄河硬汉子的聪明智慧和牺牲精神。在抗战时期，他们克服一个个难以想象的困难，忍受着妻离子散、父母被抓的巨大痛苦，在敌人严控下的平原地区，创立了党组织，开展游击战争，最终夺取抗日战争的最后胜利。

本书从不同侧面记述了日本侵略者的残暴，同时讴歌了黄河湾人民不畏强暴的斗争精神。在纪念抗日战争胜利70周年之际，此书出版，有幸让广大青年、全县父老乡亲了解在这片热土上的抗战历史。

幸福生活来之不易。勿忘国耻！每一个中国人都应当积极投入到建设强大中国的工作中，为实现民族复兴的中国梦而奋斗。

尚道庆

2015年1月

目录

一、团结起来　抗日救国

七七事变后，日军以平津为据点，向华北大举进犯，地处黄河北岸的豫北平原首当其冲，很快就被日军的铁蹄蹂躏。驻守新乡的国民党军刘峙部不是积极抵抗日军，而是闻风而逃，节节败退。

1937年11月，日军出动汽车、骑兵、步兵长驱直入，进犯我中原。豫北平原各县相继沦陷，中原百姓陷入水深火热之中……

1938年2月3日，日军斋藤藏部攻陷原武县城，日军外池部进驻原武县城。2月6日，驻原武千余名日军南犯，多路出击，对黄河岸边十多个村庄进行疯狂扫荡。日军所到之处烧杀抢掠，无恶不作，并向黄河南岸开炮轰击，多个村庄被炸。

2月11日下午，驻阳武日军出动军车48辆，到大张寨、包厂一带进行扫荡。

日军所到之处，商贩闻风关门，百姓闻风奔逃，当地百姓流离失所。从日军侵占原武、阳武两县城起，不到一年，日军扫荡达50余次，打死村民200多人，打伤上千人，烧毁房屋600多间，强奸妇女多人，抓劳工多达上万人。

日军在疯狂，黄河在咆哮，人民在流血。伟大的中华民族具有不屈不挠的民族气节，具有强烈反抗外来侵略的光荣传统，具有高度的爱国主义精神，从来就没有在侵略者的大炮刺刀下屈服过。

黄河湾的人们，喝着黄河水，吃着岸边粮，听惯了黄河号子，看惯了黄河咆哮，他们勤劳、勇敢、正直。

从日军侵占原武、阳武、封丘、中牟等县后，在中国共产党的领导下，人民积极反抗，在原阳，以共产党员卞城、陆达为首的一群热血青年，组织了“青年抗日救国会”，很快会员发展到100多名，会员有农民、工人、学生等。

以李九贵为首成立了抗日游击队，游击队很快发展到60多人，拥有各种枪50多支。

农民银友义组织了“常备特务队”，专杀外出的鬼子、汉奸。

在大宾马头一带，孙广胜组织了300多人的“佛教协会”，以佛教协会的名义秘密从事抗日活动。

王村的王录和农民胡子纯自发组织了“黄枪会”，配合国民党军和游击队进行抗日活动。

共产党员卞城对青年讲解抗战形势，让大家懂得，只有坚持抗日，中国才有出路，并把热血青年武装起来，真枪实弹跟日本侵略者进行对抗。

“青年抗日救国会”还组织青年学生编刊物宣传抗战，刊物中有陆达写的“团结起来，抗日救国”的宣传口号，还有卞城写的《日本必败，中国必胜》的文章，号召民众抗击日本侵略者，在青年学生中广为流传。

二、血洗高庄　百姓遭殃

1938年2月10日，在一个寒风凛冽、天寒地冻的早晨，距离马井村十里外的高庄村，18岁的姑娘高菊早早地起床给爹娘做早饭。

“砰，砰，砰……”宁静的村庄突然被一阵枪声“惊醒了”，村里的强壮青年满村跑着大喊：“乡亲们，快跑啊，日本鬼子来了。”

“快跑啊！”

“快跑啊！”

……

顿时村子里鸡飞狗跳，到处是惊慌的呼喊声，高菊搀扶着年迈的爹娘，快要逃出村口的时候，忽然有一名日军冲到他们面前，见到高菊年轻漂亮，日军兽性发作，一边喊着“花姑娘”，一边向高菊扑去。

高菊的爹看到日军竟然扑向自己心爱的女儿，原本身患重病的他捡起地上一根棍用力向日军头部砸去，一下子砸中了日军的脑袋，那日军当场晕倒在地。

“菊儿，你赶紧往村外跑，不要管我和你娘了，我和你娘走不快，别连累到你，你赶紧走，去十里外的马井村找尚良，他们会管你的。”

“爹，娘，不行，我一定要和你们一块儿走。”高菊哭喊着不肯离去。

“菊儿，你赶紧走，你不要管爹和娘……”还没有说完，高菊的爹就被一阵乱枪打死。

“爹，爹……”高菊哭喊着要去扶爹爹，被娘用力推开：“菊儿，你快走，日本鬼子马上要追过来了，赶紧逃命吧，以后爹娘照顾不了你了，到马井村找尚良吧。”

高菊望着娘，眼看着日军马上就要冲过来了，哭喊着：“娘……”含泪撒腿往村外跑。

日本鬼子进村，见人就杀，见屋就烧，一时间，浓烟滚滚，火光冲天，300多人的村庄瞬间变成一片火海，枪声、人们的哭喊声、牲畜的惨叫声和日军的狂笑声混成一片。

在村外一个土丘上，高菊回头看看昔日的村庄，已成一片火海。

她忍着泪水往十里外的马井村跑去。

高菊跑了两个多小时，快到马井村的时候，看到两个人正赶着一辆马车。

“大叔，大婶……快救救我，我后面有鬼子。”高菊呼喊着。

马大亮和夫人回头一看，看见从东边跑来一个年轻姑娘，头发蓬乱，满脸灰尘，一面跑，一面喊。

“吁，吁，吁……”马大亮立即把马车停了下来。

“姑娘，快上车。”高菊不顾一切爬上车，马大亮赶紧使劲抽打着牲口，马车拖着扬尘很快消失在树林之中。

三、疯狂扫荡　丧心病狂

随着稀疏的枪声一步步逼近马井村，马井村的村民已经意识到，日本鬼子要来了，乡亲们赶紧把粮食藏好。已到马井村的“青年抗日救国会”会长卞城敲着锣鼓，站在一处塌墙上大喊：“乡亲们，赶紧转移到黄河古道里去，小鬼子要进咱们村了。”马井村老老少少顿时乱作一团，他们早就听说日军扫荡的残酷，日军进村烧杀掠夺，谁还敢在家多待一会儿呢？不一会儿，马井村的男女老少都向黄河古道的芦苇地跑去。

马井村南边有一条黄河古道，周围是沙丘，有一大块茂密的芦苇地环抱着，村民们把这个地方称为“七股路”。传说，当年唐将罗成曾在这里打过一仗，布下一个沙丘迷魂阵，凡是不熟悉路况的人根本不敢走进去。

小鬼子在高庄村烧杀抢掠之后，一路向西，开到马井村，想再抢夺点粮食。小鬼子刚到村口，就看到逃到远处的黄河古道的村民。村民们都进了黄河古道，气得鬼子小队长哇哇大叫，于是命令鬼子和伪军挨家挨户地搜，就算找不到粮食，鸡鸭也要全部抢走。

鸡飞狗跳的场面再次上演，农村谁家没有两只鸡啊，可是散养的鸡能那么容易被抓到吗？有一只大公鸡被两个小鬼子追赶得急了，竟然从一个小鬼子的手背上啄下一块肉来。

“八嘎”，被鸡啄的小鬼子气急败坏，鸡没抓着，还被啄了一块肉，一怒之下，放火把这家房屋点着了。

鬼子在马井村既没抓到人，粮食也没找到，只得气呼呼地撤走了。

四、尚良高菊　野外婚礼

黄河古道的芦苇荡内，尚太和、马大亮把高菊领到村民藏身的地方，开始询问："孩子不要哭，把你们村里的情况说一下。"

高菊边擦泪边哽咽："今天早上五更，日本鬼子扫荡我们高庄村，男的大部分被打死，女的基本被抓走了，我随着爹娘逃命，在快出村的时候，我爹被日本鬼子的乱枪打死了，我娘生死不明，临走时执意让我先逃命，不要管她，我娘看到日军快要过来的时候，用力推了我一把，让我赶紧走，我无奈之下只好逃命。现在我们村已经被烧光了，我娘让我来找马井村的尚良。"

马大亮问："他和你们家是什么亲戚？"

"不是亲戚，据我娘说以前我们两家订过婚约。"高菊羞涩地答道。

马大亮不再问话，用手一指说："离这儿不远，我把你送过去。"

马井村的200多户村民基本上都藏在这黄河古道内，密密麻麻的人群，好不热闹。

他们手无寸铁，鬼子一进村，他们就设法躲避。

马大亮和夫人把高菊带到黄河古道的另一头，在两行柳树中间的一个窝棚内找到了尚良娘儿俩。

当时，尚良正向母亲说：“娘，现在我爹死了，我要参加下城的‘青年抗日救国会’，保卫我们的家园，为我们家乡做点贡献。”

“好儿子，娘支持你。”

这时尚良看到马叔和马婶带着一个姑娘走过来。

“良啊，这个姑娘说要找你，他们高庄村早上被鬼子扫荡了，看这姑娘可怜巴巴的，说同你们家订过娃娃亲。”

尚良看着眉清目秀的高菊，说：“啊？快坐下，我去给你们倒碗水！”

马大亮向尚良的母亲讲述姑娘的遭遇和订娃娃亲的事。

尚良母亲说：“良他爹活着时说过在高庄村订过娃娃亲这事，没想到，孩子都这么大了，兵荒马乱的，可委屈这孩子了。”

“那既然有这事，要不就把堂拜了吧。”马大亮一拍大腿，忽然兴奋地说。

“那太委屈姑娘了。”尚良母亲可怜地望着高菊。

“现在是啥时候？日本鬼子天天抓人，还讲究个啥？”马大亮一边说，一边让尚良去打一桶水。

让姑娘洗了脸，大娘给她盘个头，高菊清秀的脸庞出现在大家面前。

“姑娘，委屈你了。”尚良母亲含着泪向高菊说道。高菊一头扎进尚良母亲的怀里哭了起来。

这时，原阳县“青年抗日救国会”会长卞城带着两个人来到芦苇荡里，说是找尚良，动员青年人参加县抗日大队打鬼子。

一听说打鬼子，高菊“扑通”一声就跪在卞城面前，哭着说：“卞大哥，你一定给我父母报仇啊，今天早上，我的爹爹被日本鬼子打死了，我的母亲现在下落不明，你一定要救救我母亲。”高菊又详细地讲了一遍高庄村被毁的经过。

“一定要消灭日本鬼子，把日本鬼子赶出中国去。”卞城气愤地咬牙切齿道。

“卞大哥，你放心，我一定会加入你们的队伍打鬼子的。”尚良握紧拳头向卞城发誓。

“好，我们欢迎你的加入！我先安排你当个通信员，你看行不？”卞城问尚良。

尚良说：“中，卞大哥，只要是打鬼子，你让我干啥都中。”

马大亮说：“要不卞会长给他们主持婚礼吧，兵荒马乱的，既然姑娘投奔到这儿来了，今天大家都在这儿，就一起为他们祝贺一下。”

卞城鼓掌赞成，兴奋地说：“行啊！”

马大亮垒起三个土堆，插上三根柳条，让尚良母亲站好，卞城大声喊：“一拜天地，二拜高堂，夫妻对拜，送进窝棚。”众人哈哈大笑。

大家散去之后，尚良对高菊说：“嫁给我委屈你了，以后我一定会为咱爹娘报仇雪恨的。”

高菊一听，眼泪就唰唰地流了下来。

夜晚的高庄村，烟味儿、血腥味儿、焦煳味儿弥漫在空气中，越往里走，尚良和高菊的心情就越沉重，到处血迹斑斑，高菊忍不住大哭起来。

村里被日军屠杀的多是一些老人，当高菊看到父亲和母亲还在地上躺着，便扑在父母身上大声痛哭。

“爹、娘，你们一路走好！小日本鬼子，你们都去死吧。”

像是老天爷听见了似的，不一会儿下起了雨，冲洗着刚经历过血雨腥风的村庄。

尚良和高菊在下城的帮助下把父母还有村里的其他人下葬，高菊伤心过度，高菊生了场大病。

五、发展党员　壮大队伍

在高庄和马井村经历过上次被突袭之后，卞城召集“青年抗日救国会”会员开会。在马井村的黄河古道内，大家席地而坐，卞城说：“近期鬼子扫荡比较频繁，我们要加强防范，我们要积极动员农民群众，一定要把日本鬼子赶出原阳，赶出中国。”

“下面我们呼喊一下抗日口号：坚持抗战，打倒小日本。”

“坚持抗战，打倒小日本。”大家慷慨激昂地高呼。

在喊完口号后，卞城说：“下月初二是原武庙会，我们混进城内，晚上在原武西街关帝庙内会合。”

初二晚上，原武县旧县衙西关帝庙东侧房内，亮着一盏煤油灯，屋子里挤满了各村来的身强力壮的年轻人，他们面色凝重，却又充满信心，都希望在国家危难之时，为国家和老百姓尽一份自己的力量。

卞城和一位戴眼镜的人进来了，卞城说：“好，首先欢迎大家积极加入‘青年抗日救国会’，这位是我们县西街中学的李惠民老师。”卞城指着戴眼镜的李老师说。

“尚良，你到外面看着点，如果有人来，你就赶紧过来通报一声。”

尚良应了声就出去了。

“好，下面由李老师给我们讲会议具体内容。”

李老师扶了一下眼镜，沉重地说：“同志们，我们国家正处于水深火热当中，现在日本鬼子又占领了我们原武和阳武县，烧毁我们的家园，杀害我们的亲人，我们不能当奴隶，一定要团结起来，一起抗日，把日本鬼子赶出中国。”

他还说：“毛主席和朱总司令指示我们，要求在敌占区广泛发动群众，团结一切可以团结的力量，不管他们以前做过什么，只要抗日，就是我们团结的对象。”

“具体分派任务由卞城来讲。”李惠民做了个手势向卞城示意。

卞城指着地图说：“上级要求我们在敌占区广泛开展地道战、地雷战、麻雀战等，我们还要学习其他县的做法，团结国民党军队和民间抗日团体共同抗日，我们还要利用黄河古道中的树林、芦苇、土堤、沙丘、水塘等有利地形，快打、快撤、快藏，夺取武器，壮大自己！让小日本在我们这个地方寸步难行。”

青年们听得津津有味，李惠民老师从箱子里拿出一块红布挂在墙上，上面有锤子、镰刀的图案。

李老师说：“今天几位入党积极分子在这里举行入党宣誓，大家举起右手，我说一句，大家跟着我说一句。”

“我宣誓：一、终身为共产主义事业奋斗；二、党的利益高于一切；三、遵守党的纪律；四、不怕困难，永远为党工作；五、要做群众的模范；六、保守党的秘密；七、对党有信心；八、百折不挠，永不叛党。”

简单仪式后，卞城说：“你们几个是咱县第一批中共党员，下一步我们要在群众和热血青年中，培养发展共产党员。现在我把下一步的工作做一下分工，郭起同志到大宾乡联系孙广胜的‘佛教协会’，卞广聚同志去联系李久贵的抗日游击队，陆达同志去联系胡子纯的黄枪会，褚治国、刘子芳同志到官厂、韩董庄一带发动青年，筹集粮款，我去联系国民党新八师特务营。两个月后，我们到官厂刘古村集中，尚良负责我们之间的通信联络，散会！”

众人散去后，东方已露出了鱼肚白。

六、周密部署　打击日军

在黄河铁路桥北头，国民党新八师特务营驻扎在那里。营长姜长山是杨虎城将军的部下，自抗日战争以来，姜营长百战不屈，历经多次战役。他行走如飞，善用双枪，深受全营士兵的尊重。

特务营下属三个连，三个连的连长也各有特长，都身怀绝技。

一连连长齐禄胜力气很大，身体强壮，机枪打得很准。

二连连长杨建国是拼刺刀高手，善用大刀。

三连连长何建能百步穿杨，号称神枪手，200米内指哪儿打哪儿。

在黄河铁路线东边原武县和武陟县交界处，地势广阔，村庄稀少。姜营长经常带领士兵在郭庵、盐店庄、王录、祝楼一带训练。

正在训练，姜营长接到探报，日军的大量军用物资通过汽车往新乡运送。每天有一个排的兵力站岗警戒，换班时间是下午6：30。姜营长听后立即拍板，准备大干一场。

夕阳西下，姜营长正在营房内秘密安排袭击日军的活动，在一连连长齐禄胜的指挥下，营房周围布下岗哨。还有一些士兵在村内巡逻，在教堂周围加了双岗。教堂内营长姜长山摆弄着手枪，不一会儿全营军官到齐，通信员说："营长，到齐了，开会吧。"

"再等一会儿，'青年抗日救国会'的卞城还没有来。"姜营长擦着手枪说道。

过了十分钟，卞城和兰常营、黄枪会的胡子纯一齐进来了。

卞城说："姜营长，我们来晚了！"

"不晚。"姜营长招呼大家坐下后，介绍了小冀镇及火车站日军军械和粮食存放的地方，日军现在人数较少，这是一个很好的歼灭日军的机会，"我们一个营打他一个排，绝对能打败日本鬼子，这么好的战机，你们说，干不干？"

全体人员异口同声地说："干！"

姜营长说："好，现在听我命令，一连齐禄胜连长带领你连到小冀镇北边设防，不准放跑一个鬼子，同时阻击敌人增援，不能放一个鬼子进入小冀镇；二连杨建国连长，全连化装成老百姓，明天上午潜伏到小冀镇日军仓库周围，换岗时以我的枪声为令，消灭全部日军守卫人员；三连连长何建能率部和卞城的'青年抗日救国会'、胡子纯的黄枪会，准备20辆大车明天晚饭前到小冀镇南边隐藏，等打下仓库，负责搬运物资。"

当夜，任务分配明确，各连迅速准备。

七、成功伏击　挫败敌军

第二天上午10时左右，姜营长和二连连长杨建国化装成老百姓，他们一人担着大葱和韭菜，一人拿着篮子和秤，进入小冀镇。

二连战士也都身着便衣潜伏在火车站仓库周围。当天下午一连连长齐禄胜也到了田家庄一带，并带各排潜伏下来。

卞城和胡子纯召集20多辆大车，傍晚埋伏在刘庄七里营附近，三连何建能部紧随大车左右。

下午6时，姜营长身着便衣带领士兵在小冀镇火车站周围观察，等待时机。命令士兵架起机枪，做好准备。

不一会儿，从小冀镇火车站内，开出一辆日军汽车，汽车上站着十多个日本兵，开到仓库门口，日本士兵先四处扫视一下，未发现任何异常。

换岗时间到了，汽车上的日本兵跳下汽车站成一排，准备交岗的十几个日本兵也站到中间列队。一个日本军官喊着口号，命令交岗。

这时，姜营长拿起枪一枪打倒正在讲话的日本军官，随后一声令下，战士们从周边一起开火。二连连长杨建国把手榴弹扔到汽车旁，轰的一声，一下子就把日本兵全部炸趴下，几分钟后，日本兵全部被干掉。

姜营长和士兵们来到仓库旁，姜营长观察了一会儿说："先把汽车推开，打开仓库，把这里的粮食全部搬走，三连负责在这里装车。"

不一会儿，三连连长何建能带领士兵迅速进入仓库院内。

姜营长说："杨连长，你带领你连到门外站岗警戒，这里由三连装车。"

"是。"杨连长答应道，命令士兵到门外站岗警戒。

当晚10时左右，已装满了20多辆大车，仓库内还有很多物资，三连连长何建能又在当地动员10多辆大车，装满后，姜营长安排赶快撤退。

二连连长杨建国问："余下物资怎么办？"

"快走，其他物资让当地老百姓自行解决吧。"姜营长答道。

在回来的路上，姜营长和卞城坐在一辆车上，边笑边说："这一仗打得干净利索，消灭日本鬼子20多个，我方只有4个轻伤，还运走这么多物资。"

卞城说："姜营长，这都是你的功劳，敢说敢干，士兵们都很敬佩你。"

"哪有，哪有，功劳是大家的。"

"姜营长，我们'青年抗日救国会'也准备拉起队伍跟日本鬼子干。"

姜营长说："你们带上'青年抗日救国会'和黄枪会，不如投奔国军，加入到我们营，我们一起打鬼子。"

卞城说："'青年抗日救国会'、黄枪会和其他民间抗日团体都是当地人，对本县情况熟悉，拉起队伍后，在本地抗日，不是更有利吗？你们也在这一带活动，如有好的战机，我们相互配合，打胜仗的把握更大。"

姜营长说："太好了，你们'青年抗日救国会'和黄枪会与我们真诚合作，我也是爽快人，给你们一车物资，30支步枪和3支手枪，拉起队伍总得有枪。"

卞城说："太好了，这真是雪中送炭，望今后我们会很好地合作，一起消灭日本鬼子。"

八、抗日救国　治国借粮

原武县孟庄有一个叫孟丰的地主，这几天整夜失眠多梦，有时自言自语，每天对着自家的粮仓叹气。

女儿孟珍看着父亲心痛地说：“你有啥心事，就不能跟我说说？看你失魂落魄的样子，病倒了怎么办？”

父亲看看女儿，叹了一口气，说：“我们家堤南堤北都有地，打了不少粮食，家里又有些积蓄，现在兵荒马乱，日本鬼子又到处杀人抢劫，你又是姑娘家，我咋能不为你担心，怕保不了你和这份家业。”

“爹，要不咱们捐给卞城他们抗日吧。”

父女俩正说着，褚治国和刘子芳从正门进来。

“大叔你好，我是‘青年抗日救国会’的褚治国。”

“爹，是‘青年抗日救国会’的褚治国。”孟珍说。

“快进来坐。”孟丰想起来了，这就是大街上宣传抗日的那个青年。

孟珍给客人倒了茶，褚治国开门见山道：“我们准备拉起队伍，打击日本鬼子和汉奸。这年月只有靠共产党，才能救中国，前几天，鬼子还抢了官厂粮行。如果我们成立抗日游击队，小鬼子还敢来吗？”

孟丰连忙说：“好好，我也正为这事发愁呢，怕日本鬼子把我家的粮食全抢走了。”

褚治国说：“队伍拉起来少不了粮草，你看咱们可以合作吗？”

“当然可以。”

“那您同意？”

“我同意。吃粮食没问题，给钱不给？”

这时女儿孟珍说：“爹，都啥时候了还说钱？要是让鬼子扫荡抢走，还不如让咱们队伍吃了。”

褚治国说：“吃粮不会白吃您的，只是眼前我们还有一定困难，只要打走小日本，共产党肯定会加倍还您的。”

“好。只要你领头的这样说，我就放心了。”孟丰道。

“那孟大叔能不能再联系几家？”褚治国接着问。

“能，我到其他几个村联系联系，让村里的大户人家都捐一点。”孟丰说道。“你也到刘古村问问，那里有两家开粮行的，听说人不错，经常接济穷人。”

“好！就这样办！”褚治国握着孟丰的手激动地说。

“孟大叔，我给您敬个军礼，我们一定会把鬼子赶出原阳，赶出中国的。”

九、依托群众　壮大队伍

在原阳官厂一个小学的教室内，陆续聚集了七八十位青年人，最后屋里实在坐不下了，卞城就召集大家到院子里，排好队。

这时，从外面进来了县委的负责人郭世英、八路军太行山军区崔政委等人，站在众人面前。

卞城说："现在由县委领导郭世英同志宣布上级的任命名单。"

郭世英拿出了一张盖有印章的纸宣布："从今天起，原武、阳武两县'青年抗日救国会'和黄枪会以后简称'抗日大队'，任命卞城同志为抗日大队大队长，李进军同志为政委，大家欢迎！"

一阵掌声过后，卞城上前一步说："为了更有力地开展对敌斗争，现在我宣布任命郭超为一连连长，赵恒为二连连长，孟厚为三连连长，褚治国、陆达、刘子芳同志留大队部工作，我们现在人员还不多，每连只有30个人、15支枪，今后要靠我们在战斗中不断补充武器和兵员。下面请崔政委讲话，大家欢迎。"

崔政委向前一步，铿锵有力地说："我受太行山军区委托，首先对原阳县抗日大队的成立表示祝贺，对积极参加县抗日大队的青年表示欢迎，你们从今天开始就是八路军游击队的战士了。要求你们，听从指挥，遵守纪律，勇敢作战，早日把日本鬼子赶出中国，还我河山，大家有没有信心？”

“有！”战士们回答道。

散会后，郭世英、崔政委、卞城、陆达、褚治国、刘子芳等人连夜开会，研究今后怎样展开对敌斗争及如何带好这支刚成立的队伍等问题。

十、仓库被端　龟田震怒

在新乡日军龟田的司令部内，日军师团长打来电话向龟田表示表扬："你们进兵神速，时间不长，已占领黄河北岸各县，大本营向你们表示祝贺。"

接完电话，龟田正在洋洋得意之时，突然部下急匆匆地进来说："不好了，昨天夜里小冀镇军用仓库被抢，军用物资全部丢失，20多名士兵死亡。"

龟田气得"八嘎"一声，把手中的水杯摔到地上，起身就向部下脸上啪啪啪使劲扇了几下。

挨了几个耳光的部下，捂着脸站在那里动也不敢动。

"你的，一定把这个事情调查清楚，查清物资的下落，赶紧汇报给我，还有通知各县联队队长，下午到新乡开会。"

"是的，我这就去办。"

下午2点，新乡日军司令部内，匆忙赶来的各县联队队长听说小冀镇仓库被抢了，神情都很紧张，想到这次紧急会议肯定要挨骂了。他们坐在那里，静静地等待着龟田到来。

不一会儿，龟田在两个日本兵的守护下来到了司令部内，进屋就气得拍了一下桌子，气急败坏地说：“小冀镇军用仓库被洗劫一空，我们这么多天皇士兵，有枪有炮，还没能防得住袭击，这说出去叫我们情何以堪。据可靠情报，袭击小冀镇军用仓库正是黄河南岸新八师特务营所为，他们一定是得到当地土八路和民团的配合，这个教训各县联队都要吸取，今后各地再有此类事情发生，统统死啦死啦的。”

龟田摊开地图，扶了一下眼镜，指着地图说道：“黄河南岸的姜长山部经常派小股部队渡过黄河来北岸侦察，搜集我军的情报，杀害我军士兵，你们要加强防范，特别是原武、阳武、封丘、延津的驻军，要提高警惕，以防不测。日军师团大佐讲：要扩大武装，收编民团、土匪，成立警备队、皇协军，收编便衣特务为我所用，用中国人打中国人，解决兵员不足的问题，各联队从明日起尽快办好此事！”

时隔几日，驻原武的日军，扩大了警备队、皇协军，人员增加150余人。并收买了一批汉奸，在部分村庄建立了维持会，斗争形势更加严峻。

十一、高兰何英　被囚敌营

一天上午，有两位分别名叫高兰、何英的妇女正在原武古会的街上走着，突然被日本士兵抓到宪兵队，关押了起来。

日本士兵把她俩抓到宪兵队后，让她们俩做劳工，给日军洗衣服。

半个月后，又逢原武古会，日军翻译官高宝海从安达平昭的房间出来，听见别的屋里有女人的声音在喊他，他走近一看，原来是前段时间抓来的高兰和何英。

“高大哥，跟日本人说一下吧，让我们两个到会上买点东西。”何英哀求道。

“这估计不中吧，现在日本人正在忙呢。”

“你去问一下呗。”

“中，你稍等一下吧。”说完，高宝海踉踉跄跄地走到安达平昭房间门口，敲了门进去了。

“安达平昭先生，上次抓来那俩洗衣工，现在关了有半个月了，她们想到街上买点东西。你看行不？”

“哦，那行吧，快去快回。”安达平昭头也没抬地应了声，就让高宝海出去了。

高宝海快走到门口的时候，安达平昭命令高宝海陪她们一起去，以防她们逃跑。

高宝海从安达平昭房间出来，领着高兰、何英到了古会上。他们三人路过菜市场，看到来为日军买菜的老刘。

“老刘，今天咋买这么多菜？”高宝海问道。

老刘说：“高老兄啊，就这还不够呢，日军又抓来50多个人，明天还得多做50多人的饭。”

他们正说着话，原武县委的李惠民老师来到跟前，李惠民一手拉着高宝海说：“好久不见啦，高老兄，走，到那边酒馆喝一杯。”

高宝海说：“不行啊，安达平昭要我看住她俩赶会哩。”

“你让她们两个人自己赶会就行了，你这个大老爷们陪着干啥？你不怕乡里乡亲看到，对你有意见？”

高宝海说：“也对，就这么大个古会，她俩能跑哪儿去。”

李惠民对高兰她俩说道：“你们俩想去买点啥就买点啥，可别乱跑，一小时后到原武饭馆来找高大哥，你们若跑了，日本鬼子还得把你们抓回去，非把你们打死不可。”

“嗯，好的。”两个姑娘应声道。

李惠民和高宝海进了原武饭馆，伙计上了两个菜，两个人一边饮酒一边谈着鬼子的一些事。

李惠民有意让高宝海多喝点，不一会儿，不胜酒力的高宝海就喝得有点晕了，话也多了起来，给李惠民讲着鬼子的事。

“明天上午有6辆汽车的鬼子，到原武西边扫荡。”高宝海有点晕乎乎地说道。

这时，高兰、何英逛街回来了，看到高宝海有点醉了，就赶忙哀求着李惠民老师说：“你要救救我们，我们不想被关在日本军营里。”

“日本鬼子欺负你们没有？”李惠民紧张地问道。

“暂时还没有，就怕以后我们性命不保啊，李老师。”

“我联络一下抗日大队的队长卞城，我们都想想办法，现在你们还得回去，因为明天鬼子要扫荡原武西边，若你们不回去，鬼子会怀疑。你们一会儿和高翻译先回日军军营，我们会想办法救你们的。”

何英和高兰又回到了宪兵队，李老师赶忙赶回学校。

十二、夹堤大战　日军溃败

李惠民得到日军要西犯的消息后，赶忙跑到县抗日大队找卞城，卞城不在，就找到尚良说："你赶快通知卞城，明天上午有6辆汽车的鬼子，向西扫荡，让他与姜长山特务营联系！"

"好的。"尚良急急忙忙出去了。

卞城得到鬼子西犯的情报后，当晚迅速赶到了黄河铁路桥北头姜长山的营部，并连夜召开了紧急会议。

会议上姜营长说："日本鬼子计划明天下午袭击夹堤一带的村庄，不管情报是否准确，我们一定要做好部署，不能让老百姓和附近的村庄被日本鬼子袭击。"

"所有人注意——"姜营长一声令下，部署工作。

"卞城，今天晚上开完会之后，你们抗日大队立马赶到夹堤村附近，让附近老百姓先在外面躲几天，明天上午10点之前必须全部撤离。"

"我和一连连长齐禄胜在夹堤村西边伪装埋伏，当日军汽车进入包围圈后，我们带头打掉敌人的第一辆汽车，阻敌前进。"

“二连连长杨建国带领二连战士穿老百姓的衣服，在路两侧帮助人家修缮房子，当鬼子车队全部进村后，从两侧房上向日军开火，要全力以赴。”

“三连连长何建能带你们连在夹堤南北设防，根据情况并随时准备投入战斗。县抗日大队其他队员由郭超带队，在姚村以东设防，阻击敌人增援。各连抓紧准备。”

“好，我们会全力以赴的。”大家齐声回答道。

第二天上午10点，夹堤一带村民已经被安置好，各连已做好战斗准备，姜营长和一连集中两挺机枪，藏在村西头路边的两棵大树上，其余的也在路边占据了有利位置；二连推了几车红土在街道上，并穿上当地百姓的衣服，有的担水和泥，有的上房修草；三连在夹堤南北构筑工事，占领制高点。卞城和郭超带领县抗日大队藏在姚村东西路边。队员们第一次参加战斗，趴着不敢抬头。卞城和郭超一面帮战士伪装，一面鼓励战士不要害怕，要勇敢杀敌。

这天，苦楝树花开，小麦扬花，鸟儿啼鸣。向田野里看去，草木郁郁葱葱；朝村里看去，人们忙活着，打水、和泥、修缮房子；谁也看不出有什么问题。战士们吃过早饭，已进入战斗状态。

时间已过中午，还不见敌人动静，姜营长想：会不会情报有误？

还是再等等看吧。

下午3时许，从原武县城内线传来消息，日军出动6辆汽车顺大堤向西驶来。卞城、姜营长得到这一情报后，立即命令大家进入战斗状态。鬼子唯恐有埋伏，每到一处打一阵乱枪再走，走走停停，一直到下午5点多，严阵以待的战士才听到枪声。警戒哨跑来报告："敌人6辆汽车100多人，车上装满了物资，正进入伏击圈内。"姜营长一拍大腿："他娘的！终于等上条大鱼。"

敌人的汽车，先进入卞城的包围圈。敌人到了村东头，乱打一阵枪，看到没什么反应，才大胆向西开。当第一辆车进入100米射程内时，另有两辆在街上的稀泥里打转。姜营长一声令下："打！"轻重武器一齐开火。藏在大树上的机枪集中火力向第一辆车上的鬼子扫射。齐禄胜把已准备好的炸药包扔到汽车上，轰的一声，第一辆车上的鬼子还没有弄清楚咋回事，都已被送上了西天。这时，姜营长和齐禄胜带领部分战士，向村里的汽车冲去。

第二、三、四辆车的鬼子，被这突如其来的枪声、爆炸声，吓得晕头转向，纷纷跳下车，寻找还击位置。一个指挥官拿着战刀，乱指一气，鬼子东一排枪、西一排枪乱打。二连连长瞄准敌军指挥官，枪响人倒。日军这一下可乱了套，有的乱打枪，有的乱扔手榴弹。还有几个鬼子想上到房上，被二连战士赵大牛抡起铁锹，两下击倒两个，其余几个也中弹倒下。后边车上坐着日军顾问，看到前面几辆车已经起火，已知无法挽回，掉头就跑。当这两辆车跑到姚村西头时，卞城和郭超带领一连，一齐开火，敌人开车惊惶逃窜。

整个战斗打了一个多小时，除逃跑的两车日军外，其余的全部被歼灭，炸毁敌车4辆，歼敌80余名，姜营长生怕敌人增援报复，命令快速打扫战场，清查武器弹药。把战利品分给县抗日大队一部分。

分配完毕后，姜营长对卞城、郭超说：“日军逃走了10多人，他们逃回去后肯定会向安达平昭汇报，近期鬼子肯定会来扫荡，你们给村民讲，鬼子吃了大亏，这几天估计会来报复，让村民近段时间不要回来，等到安全了再回来。我营奉上级命令，今夜要到黄河南岸设防，就不能配合你们做善后工作了。”

“放心吧，姜营长，我一定会安排好的。”卞城对姜营长敬了个军礼，斩钉截铁地说。

姜营长走后，卞城、郭超清点了人数和枪支，放出了警戒哨，这时村里的小路上，外出躲避的人们，都陆续回到了村里。卞城找到夹堤村村长，说：“我们在这里打了胜仗，日本鬼子肯定会来报复，你挨家挨户地通知村民撤离，让老人、小孩投亲靠友，找个安全的地方躲几天，等没事了再回来。家家户户要把家里的贵重物品和粮食藏起来，以防鬼子抢去和烧毁。”

一切安排妥当后，卞城和郭超带领着战士，带上缴获的枪支弹药，撤到了大堤南马井、马庄一带。

十三、日军报复　夹堤遇劫

那几天，夹堤一带的村民总是提心吊胆地过日子。虽然有的投奔亲戚家，难免还有些担心，生怕鬼子来袭击，把自己的家园毁坏。

过了四五天，也不见鬼子来扫荡，村民便慢慢放松了警惕。住在外面的老人急着要回来，担心牛羊无人照料。有胆大的青年人白天到家照看一下，晚上再走。还有人说日本鬼子挨了打，害怕了，不敢来了，就这样，有的村民偷偷地回来了，在害怕和不安中又过了两天。

5月9日的早晨，大雾朦胧。一阵怪风把浓雾吹散，太阳从云中拱出，一会儿就又被浓厚的云雾遮住。

就在这时，村东头响起了枪炮声，正在做早饭的村民，惊慌失措地拿起东西就往外跑。有人喊："快跑啊，日本鬼子来了。"

大部分人从村西头跑了出去。当他们回头看时，大堤上站满了鬼子，正向村子合围。村子里没有跑出去的村民，乱成一团。有的藏入地窖，有的藏在床下和草垛里。枪声、儿童的哭喊声、鸡飞狗叫声，乱成一片。

上次夹堤大战，日本军事顾问逃回原武后，和联队长安达平昭向驻新乡的司令官龟田做了汇报，说国军一个营驻在夹堤，又从山上下来许多八路军，两军夹击，才吃了败仗。龟田信以为真，随即调集了驻延津和阳武的部队，重新做了部署，并给原武补充了兵员和武器装备，还要求他们要尽快消灭特务营和县抗日大队。

所以，这几天鬼子的扫荡，实际上是冲着特务营和县抗日大队来的。结果进村后扑了个空，原武县鬼子联队长安达平昭和军事顾问气急败坏，指挥士兵见人就杀，先放火烧毁了特务营的简易营房，而后进村逐户搜查。

这时，村北营房火光冲天。村内，枪声、砸门声、哭声响成一片。一个妇女带着吃奶的孩子到夹堤串亲戚，没有跑脱，被鬼子抓走，轮奸后打死，她的孩子被活活扔到正在燃烧的房子里。孩子大哭了几声后，便再也没有声音。一位姓胡的老汉，因去牛棚给牛添草，也没有跑脱。鬼子把他打得遍体鳞伤，问他部队到哪里去了，老汉说不知道，凶狠的鬼子连捅老汉五刺刀，老汉倒在血泊中。他的牛也被鬼子用刺刀乱捅，牛抽搐着倒在地上。一个拿着战刀的指挥官，用刀砍下一只牛腿，摇头晃脑，得意扬扬。这时，又有两个鬼子抓了两个姑娘，被藏在草垛内的村长胡百清看见，他再也忍不住心中的怒火，跑出去冲着鬼子指挥官大喝一声："住手！要什么，冲我来，把她们放了！"

鬼子看了看这位老汉，然后狞笑着把他捆在一棵树上。一个鬼子翻译官问：“村里住的部队去哪儿了？”

胡百清说：“过黄河了，上山了，你们打不过他们就拿老百姓出气，等着他们回来消灭你们吧！”

一个日本军官大声喊：“八嘎，死啦死啦的。”

一群鬼子兵排着队，一人刺一刀，连捅了胡百清七下，胡百清怒瞪双眼，口吐鲜血，死在了禽兽不如的鬼子刀下。丧心病狂的鬼子，把他的尸体扔到火堆里才走开。日本鬼子在夹堤折腾了一天，天快黑时，卞城、郭超带领一连从马庄西跑了过来，一阵激烈的枪战，鬼子被这突如其来的枪声惊呆了，唯恐天黑被歼，匆忙集中上车，逃回原武县城。

卞城和郭超带领一连队员，一面救火，一面救人，没多时外逃的乡亲们也都陆续回到村里。当大家看到从火中抬出一个烧死的小孩时，都惊呆了，几个队员也从另一堆火中抬出了胡百清，但已面目全非。都不禁失声痛哭。

几个青年在旁骂道：“可恶的小日本鬼子，非杀他们几个解解恨不可！”

卞城一边安慰大家，一边大声喊：“乡亲们，我们光痛心不行！必须拿起武器跟他们斗，我们要团结起来，杀杀他们的嚣张气焰！”

几个青年一齐说：“跟他们拼了，杀一个够本，杀两个赚一个！”

卞城说：“大家先把被鬼子打死、烧死的村民掩埋好，再把被烧的房子修缮好，过几天谁愿意参加抗日大队为乡亲们报仇的，我和郭连长来接你们。”

几个青年说：“我们都要参加，为父老乡亲们报仇。”

“好的，八路军欢迎你们。”卞城说。

十四、爱国人士　同仇敌忾

占领阳武县的日军，从1940年到1941年间常派小股部队出城扫荡。在县城，日军成立了警备队、特务便衣队、警察局和维持会。除此以外，各乡建立了乡公所，大部分村里都有维持会长，对全县村民进行控制。

1942年，阳武县、原武县遇到百年罕见的蝗灾，先是蝗虫遍地，后是飞蝗满天。庄稼被蝗虫吃光，人民群众忍饥挨饿，苦不堪言。在阳武县城东南大宾、孙堤、马头一带，活跃着一支抗日民团，他们以烧香拜佛为名，秘密进行抗日宣传活动，在两三年内，成员发展到300多人。总会长孙广胜家里有些积蓄，生活比较富裕，常常拿出一些钱粮接济部分穷人，在这一带有很高的威望。

日伪大宾乡公所的区长叫沙振芝，是个有名的汉奸，经常向群众摊派粮款，是个雁过拔毛的家伙。他加倍向群众摊派粮款，恰逢此年又受灾，庄稼大部分绝收。群众拿不出粮食，纷纷找孙广胜诉苦。

这一天，孙广胜领着部分村民到乡公所找沙振芝问个究竟，沙振芝见到孙广胜，心里有几分害怕。他一面应付，一面派人到县城给鬼子报信。

驻阳武县城的日军，得到大宾乡公所被孙广胜包围的消息后，纠集了附近据点的130多人，出动汽车8辆，偷偷向孙广胜的家乡孙堤袭来。

敌人打、砸、抢了孙广胜家里的财物，又把他的两个女儿扒光衣服，用刺刀挑开她们的肚皮，露出五脏，残忍地暴尸于街头。

上午10时许，孙广胜闻讯家里被劫，心急如焚，快速率各村会员赶到孙堤。其他会员听说此事后，有的拿着长矛，有的拿着铁锹，也都赶来。几百人将鬼子团团包围。会员们先用长矛刺破鬼子汽车的水箱和轮胎，接着双方展开拼杀。当会员第三次杀退敌人进攻时，马头村会长费小三看准机会，手持长矛冲上汽车，一矛刺死了敌人指挥官，紧接着鬼子围了上来，一阵乱枪，费小三壮烈牺牲。战斗持续到下午4时，鬼子丢下几具尸体，仓皇上车，逃回县城。会员们把被日军杀害的10多人，抬回掩埋。

县抗日大队二连在赵恒带领下，从陡门赶来。沙振芝闻风而逃，剩余的伪军缴枪投降。

赵恒对伪军说："你们也是中国人，良心难道叫狗吃了？今后再敢帮助日本人杀害中国人，决不轻饶。"

几十个伪军跪下来说："再也不敢了。"

几个队员大声说："杀了他们！"

赵恒说："以后改邪归正就好，滚吧。"

赵恒把县抗日大队二连分成几个班，分别到大宾、马头、孙堤安慰老乡，掩埋被害的群众。他自带几个队员到了孙堤，找到孙广胜，说明了来晚的情况。

他对孙广胜说：“你带领会员们在没有武器的情况下，用长矛、大刀、铁锹和敌人拼杀，很了不起。”

孙广胜说：“我对不起费小三和其他死去的弟兄们。”

赵恒说：“我们砸了日军乡公所，抢了几支枪给你们，费小三是英雄，我带领全连参加葬礼。”

孙广胜说：“我出钱厚葬费兄弟，明天一起去。”

马头村费小三的坟墓前聚集了五六百人，前来参加葬礼的，有县抗日大队二连全连战士，有身负枪伤的孙广胜和他的会员们，还有周边的群众。他们怀着对抗日英雄的敬仰和对日军的仇恨，为英雄挖好墓坑，放入棺材，赵恒让队员们脱帽敬礼，鸣枪，其他会员跪拜后，下葬。

办完丧事，赵恒站在高处，大声说：“乡亲们，不要难过，记住这国仇家恨，武装起来和日本鬼子拼杀，让他们加倍偿还血债。”

最后，赵恒和几个领头人开了个会，吩咐乡亲们：“日本鬼子还会来报复，乡亲们要早做准备，避免造成更大损失。”

十五、残暴日军　再袭孙堤

上次孙堤血战，日军丢下1辆汽车仓皇逃跑。在拼杀中，3个日本士兵被杀死，费小三用长矛刺死1个小队长。但是，我方损失更大，牺牲会员近20名，有30多名会员受伤。其中，总会长孙广胜伤势严重。在我方只有鸟枪、长矛、大刀的情况下，依靠群众的勇敢精神，能打成这样，已经是了不起的战绩了。

这几天，地处大宾、孙堤、温堤、马头一带的村民，在极度悲痛中度过。他们按照县抗日大队的安排，把伤员转移到安全地带，把女人、儿童和老人送往别的村庄，藏好粮食和贵重物品，以防造成更大损失。县抗日大队也奉命到韦城寻找战机。

驻阳武日军联队长安达平昭，在对部下一阵疯狂打骂后，将孙堤的血战情况，向驻新乡机关长龟田做了汇报，得到了一顿训斥。第二天，日军调集延津、封丘等县的日、伪军600多人，分乘32辆汽车，气势汹汹地开往孙堤一带。他们先把孙广胜的房子烧毁，又把汽车开到大宾西大路上，向马头村开炮，大批日军跳下汽车，见人就打，见房就烧。最后把马头村的房子全部焚烧，整个村子火光冲天，浓烟滚滚，化为灰烬。村民看到大火，只能站在远处落泪叫骂。一些村民说："幸亏听从县抗日大队的安排，没有受到更大的损失。"

十六、分析敌情　运筹帷幄

这天，卞城、褚治国、刘子芳、杨俊厚、冯青、孟厚商量后决定把县抗日大队集中到孟庄、孟窑、大沙河一带休整，并分别对尚良、兰长营、罗耀祖作了安排，3天后在沙河边集中，分头通知并通过敌占区把队伍带过来。一切安排妥当后，刘子芳、卞城又对孟珍、高菊、尚品等女同志作了安排。让她们在开会这天，带领妇救会的妇女们洗衣、做饭，慰问伤病员。

在阳武、原武，由于黄河改道，留下一条6公里宽、10公里长的古河道。因为河底是细沙，人们称这里为沙河。沙河中间是水，周边是树，村稀人少，鬼子扫荡到不了这个地方。县抗日大队在这里搭起简易的窝棚，战斗中负伤的同志们，常在这里养伤。周边村庄大部分都是小村，也就一二百人。沙河周边多数村庄是县抗日大队的根据地，不少家户是堡垒户。县抗日大队来到这儿，就像回到家一样。

在一排窝棚前面的空地上，搭着一个简易的舞台，县抗日大队通信班的战士们，用大红纸写了一副对联，上联是：发扬成绩，吸取教训，以利再战。下联是：克服困难，扩大战果，战胜两灾。横批是：日军必败，中国必胜。

原阳抗日大队战斗总结大会，上午9点多开始，卞城的3个连队都已到齐。这时，刘子芳、卞城和八路军老一团的领导在舞台正中央的桌子后面一字坐下。大会由刘子芳主持。

刘子芳站起来，大声说："现在开会，首先由老一团领导宣布任命书。"

崔建伟政委站起来宣布："任命刘子芳同志为抗日民主政府原阳县县长，卞城同志为原阳县武装委员会主任，孟珍同志为原阳县妇救会主任。"

大会还表扬了兰长营智斗警备队、尚良连夜送情报、范小年单身闯敌营、费小三刺杀鬼子小队长的英勇事迹。

刘子芳宣布："下面由卞城同志作一年多来的战斗总结，并部署下一阶段任务。"

卞城站在中间，高声说："首先我对3个连队不畏艰险夜闯敌占区，按时到达指定地点开会表示欢迎。"

台下响起一阵掌声。

卞城还了一个军礼，道："县抗日大队成立以来，团结友军歼敌150多人，炸毁敌车5辆，杀死敌军指挥官3人，缴获各种步枪2000余支。这些战绩的取得是全大队共同努力的结果，同时，我们应清楚地看到，由于武器落后、战斗力不强、组织纪律差等原因，我们也付出了巨大的代价和牺牲。据不完全统计，战斗中牺牲队员30余名，负伤40多人，民团和其他组织牺牲的人更多，有200多人牺牲，500多人受伤。房子被烧毁1000多间，有不少姐妹被奸污和抓走。同志们，请记住这一笔笔血债！血债要用血来偿。”

“关于下一阶段的战斗任务，首先我们应该认清形势。”卞城继续说，“今年是原武、阳武空前的大灾年，由于蝗虫、水涝、盐碱的灾害，大部分庄稼绝收、歉收。大灾之年，百姓就是再拥护咱们，也拿不出粮食。不少地方受灾的农民背井离乡，到外地逃荒要饭。还有少数妇女为活命外嫁他乡，再就是一部分青年为生活所逼，参加了伪警备队、皇协军，同时还有本县地主、老财为保护自己的财产，投靠日军，做了汉奸。在这样严峻的形势下，我们县抗日大队300多人的吃饭、穿衣、弹药、武器、伤员的救治，都成了问题。你们说，在困难面前，在天灾和兵灾面前我们会被困难吓倒吗？”

“不会。”战士们齐声回答。

卞城继续说：“所谓兵灾，就是在今后的战斗中，我们要对付的不仅有日本鬼子，还有伪警备队、皇协军、便衣队、特务、土匪等。大家都知道，在人数上，我们只有这么多，在装备上，武器差。但是，我们有党的领导，有人民的支持，有不怕苦的队员，还有我们轻车熟路的地理环境。外加分区领导派有战斗经验的干部，来我们抗日大队，和我们一块儿战斗，我们就无往而不胜。”

在一阵掌声过后，卞城又说：“在今后的战斗中，我方已和日军形成对峙局面，我们从县南、东、北周边向县城发展，一边打仗，一边工作，成熟一个村，发展一个村，在那里发展党员，村村安排干部和带头人。向地主老财要粮食，向鬼子、伪警备队、皇协军分散据点要武器弹药，必要时，打掉日军设在边缘的据点，袭击日军运粮的车队，来补充自己，大家有没有信心？”

“有！”

这时，刘子芳站起来说：“现在由各连代表表决心，在两灾面前，是克服困难勇敢战斗，还是畏缩不前呢？”

在3个连连长表过决心之后，还有一些班、排干部也都在自己的班、排里表了决心。中午，妇救会给大伙做了顿美餐，杀了一头猪，吃了一顿猪肉炖粉条。吃完饭，各连、排排查各地地主老财的人数、日军周边据点和准备袭击的路线，并将讨论的结果上报大队部。

沙河会议结束后，老一团派来6名有经验的老兵，由老通信员尚良带领，在王屋村找到了刘子芳和卞城。当天夜里，就召开了会议。首先由团里来的6名老兵介绍他们的战斗经验，通报了在敌占区开展对敌斗争的一些做法。卞城同志也讲了阳武、原武日军驻防编制、据点及伪警备队、皇协军的情况。最后，刘子芳讲了两县灾情、筹集粮款困难、缺医少药等问题。

结合与会人员提出的困难，怎样解决，各抒己见。最后大家集思广益，决定抽调3名抗日民主政府成员，带领6名战士，分别到3个连队去，加强领导，克服困难，团结战斗，迎接对日作战大反攻的到来。

十七、卞城设计　巧借粮食

高菊、尚品给伤员敷完药，心急如焚，快步穿过沙河来找孟珍。孟珍看到她们两人身体消瘦，两眼通红，心痛地说："快进来，休息一下，喝口水，我去给你们做饭。"

高菊说："我们找刘县长。"

尚品哭着说："伤员没有药，营养又跟不上，有几个伤员伤口已经化脓，急死我们了！"说着，眼圈湿润了。

孟珍说："刘县长昨夜一夜未归，可能快回来了，你们等一下，不要急，总会有办法的。"

孟珍拿着面盆去装面，揭开瓦罐盖一看，只剩下一碗面了，米也没有了。她抬头看见房檐下挂着一串干菜，就赶紧去拿下来，把干菜焖到锅里，又把仅有的一碗面和好，擀成面条，准备把面条下到菜汤里。她擀着面，泪水已滴到了擀面杖上。

这时外面有人喊："家里有人吗？"

"有。"孟珍赶紧擦了眼泪向屋外走去。

孟珍看到褚治国进门，赶忙向前迎了过去。

褚治国进屋看见了高菊和尚品，没等她俩说话抢先说：“你俩遇到困难了，没有药品，没有粮食，是吧？”

“是啊，我们都快急死了！”

褚治国说：“在敌强我弱、斗争复杂、艰难困苦的情况下，对我们每一个人都是考验，在对敌斗争中，困难再多也得想办法克服，如果我们因困难太多，被困难压垮了，那我们还能称得上是共产党的部队吗？”

三个女人一齐说：“我们有决心克服困难，可是眼下伤员怎么办呢？”

褚治国说：“我已经派罗耀祖去请徐老中医用中草药为伤员治伤，目前搞不到西药，也只能如此。听说徐老中医有很多高招呢！”

孟珍说：“那太好了。吃了饭你俩赶快回伤员驻地做徐老中医的帮手。”

孟珍端上来一盆干菜稀汤面，每人盛上一碗，大家正吃得有滋有味，尚良从外面跑来，说：“卞大队长他们押着一车粮食，来到了大门口。”大家喜出望外，连忙叫人卸车。孟珍招呼着把牲口喂上。

众人来到屋里，褚治国说：“你真是雪中送炭呀！太及时了，我们正为缺粮发愁呢。昨天晚上我跑了一夜，才弄到10多斤杂面。你们这一下可解决了大问题，快说说，咋搞到的？”

“让我喝口水，小孩没娘，说来话长呀。”卞城卖了一个关子，笑着说。

喝了一口水后，他不紧不慢地说："在县西边缘地区，有个马庄村，村里有个恶霸地主，欺压百姓，强行圈地。灾荒年放高利贷，无恶不作。他自己有一艘货船，他说：'我的船走到哪儿，我的地就种到哪儿！'周边百姓敢怒不敢言，怨声载道。顶边种地的人家惹了他，轻者打骂，重者把人家赶走，强占人家土地，归为己有，就是这样一个人，他有个儿子在外读书，却通情达理。儿子金超在学校受到共产党人教育，思想进步，日本鬼子打过来，儿子想参军打仗，父亲金如山说啥不准，为这事爷儿俩整天拌嘴。"卞城了解到这一情况，亲自前去，并通过长工赵大爷做他儿子的工作，让他拿出点粮食帮助县抗日大队渡过难关，儿子满口答应，可老子说什么也不同意。说什么越是灾年，粮食越金贵，不能让这些穷鬼吃了，他们吃饱了还不闹翻天？

卞城喝了一口水继续说："有一天夜里，我约金超到焦庵姓褚的一家聚会。褚家子弟褚明和金超是好友，这天夜里，我向他们讲述了日军在原阳县境内烧杀抢掠的滔天罪行，日军在夹堤、孙堤、高庄村焚烧房子，把老人和孩子活活烧死，并把孙广胜的两个姑娘扒光衣服用刺刀刺死后暴尸街头等罪行，金超听了咬牙切齿。"

卞城接着说："我们县抗日大队和友军一块儿打鬼子，有些人员负了伤，没药医治，连饭都吃不饱。他们为了谁？不是为了原阳的老百姓过上好日子吗？现在灾年，你们两家有存粮，拿出一些也是为打败日寇做贡献。"

褚明当场表示拿出一车粮食给县抗日大队，金超也表示愿意拿一车粮食，可得想办法对付父亲。用什么法子呢？

大家集思广益，畅所欲言，你一言我一语开始讨论起来。突然，卞城一拍大腿说：“有了，听说明天是你父亲五十大寿，我们……”大家听了卞城一席话，都拍手叫好。

“下面我来讲，你先歇歇，卞大哥。”尚良举手笑着对大家说。

第二天上午，卞城约几个人前去拜寿，酒席散时，金超让他爹出门送客，趁机金超把他爹拉到卞城的马车上，打起牲口就跑，一直跑到草坡。

卞城为了百姓，当了一回“土匪”，把金超爹当人质，用一车粮食来换。

看着金超爹不情愿的样子，卞城对他说：“您有那么多粮食，吃也吃不完，现在闹饥荒，分给老百姓一点，我们还是会感谢你的。”

没等金超爹开口，金超就让管事的赵大爷拉来一车粮食。

为了抗日，思想进步的儿子骗了父亲一车粮食，也称得上是一桩传奇故事。

十八、坚守渡口　奋勇抗敌

1938年6月9日，国民党军第39军工兵营，按照第一战区长官的安排，为了阻止敌人，以水代兵，竟在花园口扒开黄河大堤。44个县，600多万人受灾，损失惨重。从那以后，花园口渡口西移，迁移到盐店庄正南。

这个渡口有两条木帆船来往摆渡，在坐船的人群中，有逃荒的穷人，有带枪的散兵，多数是做小买卖的生意人，还有少数穿着礼服、拿着皮箱的富人。渡船人员甚是杂乱，在北岸渡口旁，有不少卖小吃的小商贩。大路两边，有的搭棚，有的打伞。有几间土坯房，有卖盐的，还有卖米的。

在离渡口东、西、北三面，挖着半人深的土沟，每天都有上百人在此把守，这支每天换班把守渡口的士兵是地方上的保安部队，司令叫何万荣，下属三个中队。黄河南岸有国民党军第三集团军新八师把守。

这一年，立秋过后，天气变化无常，时而闷雷阵雨，时而狂风阵阵，且战事持续不断，听到枪炮声百姓东躲西藏已成为习惯。

驻原武日军小林高桥部，奉上司之命，开出2辆汽车，加上部分伪警备队60多人，直奔盐店庄据点。汽车出城后，地下党组织李惠民派人将情报迅速传给卞城。当时，在马庄、李滔庄一带活动的抗日大队，做好了一切准备。

当原武日军小林高桥部和驻盐店庄日军小野部会合后，已是上午10点多钟。在日军完成集结后，已是中午时分。两股日军从盐店庄据点出发，在离渡口500多米处，一线排起小钢炮，突然向渡口炮击。渡口乱作一团，有乱跑乱藏的，有胡乱打枪的。下船的人员和渡口两边的小商贩，更是乱作一团。有的朝高粱玉米地跑，有的朝水里跑，商贩丢下的东西散落满地。日军炮击过后，100多名日伪军一边射击，一边端着枪向渡口冲来。

姜长山部在黄河南岸守渡口，何万荣守渡口的一个中队，仓促应战，被日军打得七零八落。这时，中队长范小年指挥一部分保安队员，在青纱帐里，与敌人周旋，打死10多个日伪军，胜利东撤，日军紧紧追赶。紧急时刻，卞城率领县抗日大队在土堤一线与日军接上了火，迎面追击的日军，遭到县抗日大队阻击后，仓皇向西逃走。

这时，范小年带领20多名保安队员和卞城会合，一起向西追击日军。与此同时，何万荣带领两个中队保安队赶到，加上国民党军新八师从船上向渡口射击日军。日军一时弄不清情况，在三面夹击的情况下惊慌失措地退出盐店庄据点。

黄河花园口一阵激战过后，县抗日大队和守渡口的保安队从东西两面来到渡口，在远处躲藏的商贩也三三两两回来。黄河水依旧卷着浪花哗哗地流着，像是在诉说黄河儿女的不幸，残阳如血，几只水鸟在河面上飞翔，发出阵阵惨叫，有几个受伤的人在低声呻吟，场面令人心寒。

在国共两党实行第二次合作、同仇敌忾一致对外的大形势下，黄河两岸的国民党部队特别是整编新八师姜长山部，同北岸的何万荣部、原阳县抗日大队和抗日的民众团体，已经进行过多次合作作战。这次渡口战斗能够击败日军，也是国共合作作战的结果。卞城、郭超、赵恒见到何万荣、范小年等人，相互问候了几句，双方表示在今后的对日战斗中，仍会相互配合共同对敌。

何万荣对卞城说："请你注意官厂日军的动向，适当时候最好拔掉这个'钉子'。"

卞城说："谢谢何司令的提醒，我们近期已经派人监视敌军动向，适当时候一定除掉他们。"

十九、倒行逆施　罪行昭著

自从日军占领阳武、原武两县，在夹堤、孙堤遭国民党军和八路军袭击后，日军改变了战术，开始疯狂屠村。

在日军的各个据点，他们强迫群众修建碉堡炮楼，开挖交通沟，推行“囚笼”政策，强化所占地区的治安。

在“中日亲善，建设大东亚共荣圈”等幌子下，日军对据点周边、重点地区，特别是县抗日大队的活动区域进行扫荡，疯狂屠杀人民群众，日军企图以残暴的手段，来征服中国人民。

日军宪兵队队长、阳武县火车站站长武市权六和驻原武日军密谋策划后，集中兵力，由警备队配合，进行拉网式扫荡。

一个充满阴霾的上午，从太行山深处，走出8个人。为首的一名山东大汉叫鲁延，带领他的队员假扮成卖缸的，两人一车，一推一拉，来到阳武县城北。还未站定就遇上日军武市权六带领的宪兵队，不问青红皂白，就将他们捆上，又把周围路过的20多名群众全部带走。在日军宪兵队进行严刑拷打，10多名敌军轮番打了3遍后，把近30个遍体鳞伤的人抬到北关外一个沙丘上，挖了一个土坑，将8名卖缸人员活埋，日本军官武市权六用战刀一下砍死18人，余下的人也被日军一个个用刺刀捅死，暴尸在沙丘上。

第二天，阳武县的农民赵升、毛聚，壮着胆找到日军宪兵队，质问武市权六为什么杀死无辜村民。没想到宪兵队这群禽兽，不问青红皂白，将两人毒打后拉到城外活埋，并扬言："再有不服者，统统死啦死啦的。"

驻阳武日军迪原伙同小池带领100多人，乘4辆汽车、一辆坦克车，直奔官厂，企图配合驻官厂日军的一个中队扫荡附近村庄。

这天，大部分村民已得到县抗日大队送来的消息，说日军近期出城扫荡，让村民出去躲避。果然，日军分成几个小队到官厂一带扫荡，见人就杀，当天就打死村民10多人。这次扫荡，鬼子逐户搜查，抓了18名没有跑掉的青年男女，并把这18个人带到官厂北寨墙边，捆住双手，一字排开，日本指挥官叫出18名士兵，一对一，18名村民一个个被刺刀捅死。然后，把他们推到寨墙沟内。日军惨无人道屠杀无辜村民，在广大人民群众中埋下了复仇的种子。

设在吴厂村据点的鬼子小分队，时常向滩区群众开枪射击。还经常到村内进行骚扰，光天化日之下，调戏妇女。有一天，从原武县城来了10多名鬼子，配合吴厂据点的鬼子向周边村庄扫荡，他们集结后，由田口小队长指挥，向黄河滩区进发。在吴厂村南，有两名村民正在地里割草，见鬼子来了，站起身往南逃跑，结果被日本鬼子乱枪打死。在焦庵村边有一对父子正推车卖盐，被鬼子一阵乱枪射击，倒在血泊中。

这群鬼子从滩里来到官地的麦地里，把枪架起来休息，这时一个日本鬼子发现官地村口有个姑娘，便快步追去，其余鬼子士兵不知他去干啥，也就不大在意。姑娘在跳墙逃跑时被鬼子一把拽住，鬼子上去就要扒她的衣服。这时，村民长松和长礼看到鬼子正往姑娘身上扑，就拿起棍子往鬼子头上砸去，鬼子被一棒打晕，倒在地上，村民长松和长礼打晕鬼子后不知所措。

长礼说："干脆，一不做二不休，杀了他。"命该他死，随即，两人将其打死，放在地窖里。二人赶快把地上的血迹打扫干净，像没事一样。这群鬼子找到天黑，一直没找到那该死的鬼子，无奈只得返回据点。当天夜里，长松叫了几个人将鬼子的尸体埋在地里，随后又把这块地犁了犁，毫无痕迹。

时隔两天没有动静。官地村民觉得没事了，就放宽了心。谁知，第三天，100多个鬼子，乘3辆汽车，从三个方向包围了官地村。因村民正在吃午饭，好多人没来得及跑掉。除十几个人从西南方向跑到焦庵村外，其余200多人都让鬼子用枪逼着集中到麦场里。小孩畏缩在母亲怀里大哭，老人合手祈祷，希望老天爷睁眼让全村人免去此劫。村民们无奈地低下了头。青年们怒目而视，日本鬼子逐户排查后，没发现任何痕迹，只得向村民发火，麦场边的大树上吊起两个青年人，鬼子呜哩哇啦不知说些什么。

日军翻译高宝海站在一个石磙上，高声向村民喊："村民们，你们不要怕，你们当中谁是八路军、共产党？是谁打死了皇军？把人交出来，就没事了。"问了几遍，也没人吭声。

几个鬼子手持马鞭，轮着打了10多人后，还是没人吭声。日军指挥官小野和田口气急败坏地高声吼道："统统死啦死啦的，机枪准备。”

正在鬼子要扫射的紧急时刻，一个叫修光的村民站出来说：“人是我杀的，与他们无关，要杀要剐冲我来。”

翻译官来到他面前问：“你一个人杀的？还有谁？叫他出来。”

修光大声说：“就我一个人。”鬼子将修光吊在树上，轮番毒打，修光什么也不说，鬼子又打了一阵，修光已不省人事。

天黑下来，鬼子烧了修光的房子。这时，从村北边和西边突然响起了枪声，鬼子被这突如其来的枪声吓呆了。原来跑出去的几个青年人到马庄西找到赵恒，说明了情况。赵恒随即派人跑到祝楼找到郭超，让他带人从北面袭击，自己带人从西面袭击。在北面郭超领着县抗日大队打伤一个日本哨兵和一个警备队员后，西面的赵恒同时打伤了敌军的机枪手。一时，鬼子慌了手脚，集合队伍仓皇上车，并带走了吊在树上的修光，朝原武逃去。

郭超、赵恒带领队员一面安抚村民，一面救火。周边村的村民也赶来很多人。这时，卞城、李进军、董义民、杨俊厚带领10名队员也赶到现场，卞城一面让队员警戒日军吴厂据点，一面让李进军站在高处，动员群众进行抗日：“乡亲们，最近日本鬼子接连不断在全县进行烧杀，前几天在官厂一次刺杀了18名青年；在阳武城北活埋了8人，杀死了20多人；在赵清庄杀死10名村民，焚烧房子200多间。今天又在这里枪杀无辜村民，吊打手无寸铁的村民，烧毁房子。对于日寇的这种暴行，我们只有拿起武器，团结起来，跟共产党走，跟八路军走，才能制止他们，消灭他们。为了保卫我们的家乡，保护我们的兄弟姐妹不被杀害，青年人都应该拿起武器和我们一道干。”这时，几个挨打的青年要求参加县抗日大队，还有一些人也纷纷表示愿意参加县抗日大队。

最后卞城说：“愿意参加县抗日大队的请找郭超、孟厚、赵恒报名。”几个被打伤的青年说：“我们几个伤愈后去哪儿找你？”卞城说：“过几天我派人来接你们。”

通过几天的宣传教育，县抗日大队各连队都吸收了不少青年人，总人数超过了300人。人有了，可枪怎么办？

孟厚说：“现在只好两人一把枪，没枪的拿大刀、猎枪，啥武器都行。”

李进军说：“先让大伙参加，我们再想办法去搞武器弹药和粮食，你们几个同意不同意？”

几个人一齐说：“同意。”

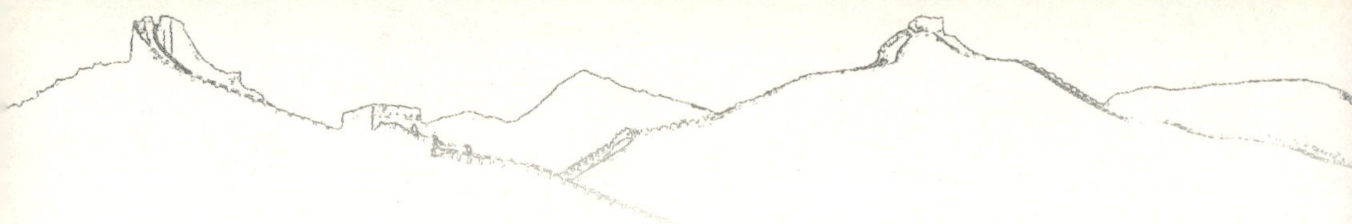

二十、卞城筹划　锁定列车

在毛主席的人民战争思想的指导下，太行山根据地不断得到巩固和扩大。刘伯承、邓小平率领的129师挺进太行山区，领导群众有力地打击了日本侵略军，对原阳人民的抗日运动是个极大的鼓舞，使他们看到了抗战的前途。人民群众认识到，只要跟定共产党，只要在敌后广泛地开展人民战争，就能战胜日本侵略者。

在草坡村的一间草房内，卞城、李进军、董义民、刘子芳和其他县委成员及县抗日大队各连长围坐在马灯旁，正在议论近期日本鬼子的扫荡情况。

几下敲门声后，进来了尚良和郭世英。在场的好多人并不认识郭世英。

卞城和李进军忙站起身来，握住郭世英的手："一路辛苦了。"有人让了座，倒了水。

卞城说："大家静一下，现在由中心县委郭同志传达太行山军区党委的指示。"

郭世英看到屋里的人都用期待的眼光看着他，忙喝了口水，站起来说："太行山第七军分区123团配合129师发动了道清战役，拔掉了日本鬼子一些外围据点，取得了重大胜利，使日军不敢轻易向根据地进犯。军区党委指示：要扩大解放区游击区，必要时拔掉鬼子外围据点，破坏日军的交通运输线和通信线路，还要想法除掉一批罪大恶极的汉奸，打掉鬼子的特务眼线，为大反攻创造条件。"郭世英又讲了一些外地打鬼子的事例。

这时，卞城和李进军等人商量后，宣布会议结束。各连指导员返回驻地，传达这次会议精神，讨论下一步如何打鬼子。第二天上午，在沙河边一个窑棚里召开了专题军事会议，李进军主持会议。

先由三个连长汇报各连前一段的战斗情况，郭世英问卞城："你有啥想法？下一步如何安排？"

卞城说："现在摆在我们面前的主要任务是解决枪支弹药问题。新参加的青年人热情很高，但没有枪支，几个人一支枪怎么打仗？我有个不成熟的想法说出来大家议一议。在新乡到开封的铁路上搞他一家伙，如能打列火车，枪支、弹药、粮食问题，一下子都能解决了。但是我们没打过这样的仗。我想，需要集中兵力，速战速决，每个细节都需周密计划。你们看这样中不中？"

"具体想法：第一狙击点选在西李寨毛滩附近，郭超负责；第二狙击点选在沙岭刘庄附近，赵恒负责；第三狙击点选在十里店、牛赵庄，并在牛赵庄以东炸毁铁路，孟厚负责；刘子芳、杨俊厚负责动员村民抢搬物资。这里面的问题是：三个狙击点如何联络？当第二狙击点打响后，怎样阻击阳武日军增援？一系列问题还需研究决定。”郭世英听了下城打日军火车的想法，连声说好。

李进军说：“那我们就把细节再逐个议一下，做出更周密的部署。”

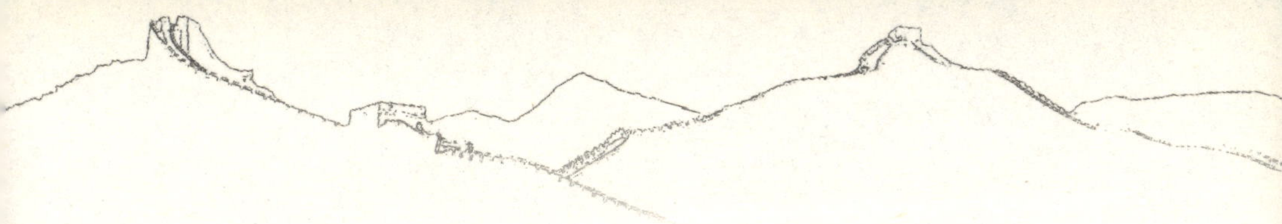

二十一、设点狙击　旗开得胜

在日军武市权六的办公室，电话声响起，正在玩儿狗的武市权六拿起电话，当听到是驻新乡机关长龟田的声音时，马上立正。

龟田在电话里对武市权六交代：“明天晚上，有一列重要列车从新乡开往开封，你要确保沿途安全。”

武市权六在电话里汇报说：“机关长放心，沿途我已扫荡多次，还在赵清庄杀了抵抗分子，烧了民房，确保万无一失。”

放下电话，武市权六心里得意，心想在他前段时间大扫荡之后，必定不会再有八路军来犯，这次龟田肯定会表扬我。

中午时分，尚良、兰长营见到卞城，把从八柳树获得的日军情报做了汇报，从各方面证实了明天晚上有一列军用列车会经过狙击点。

经过确认后，卞城召集队员开会说：“我到第二狙击点亲自指挥，李政委以最快的速度赶到第三狙击点指挥战斗。”

天刚擦黑，远处传来一声长鸣，从新乡向南开出了一列满载军用物资的火车，行至八柳树时天已全黑，在停了几分钟后，继续前行。车头第二节坐着荷枪实弹的8个日本兵和 2 个机枪手，在列车的最后一节，同样坐着8个日本士兵，为首的1个小队长和2个轻机枪手正在谈论着什么。

夜色中郭超和30多名狙击队员分两个点做好一切战斗准备。按照郭超的部署，一组打尾，二组打头，开火后只要火车停下就迅速撤退至马头村。一切布置停当，只等列车开来。一列火车在黑暗中打着探照灯，匀速前行。车头已进入伏击圈，10多名队员一齐开火，先打灭了探照灯，又打伤了 1 个机枪手。火车慢慢地停了下来。这时第一组十几名队员照着车尾的日本兵突然开火，一阵排枪后，打死了 1 个鬼子兵。当鬼子在停车地点乱打枪时，郭超领着连队向马头村撤退。

当武市权六听说火车被八路军袭击后，紧急集中兵力，开着一辆汽车赶往出事地点。汽车刚到马头村，正迎着跑步过来的郭超连队，30多名队员朝着汽车一阵射击。日军在武市权六的指挥下，不敢停留，朝着毛滩开去。郭超带领队员们继续前进，按照事先的计划，下一步是阻敌增援。阻击点设在县城东的古博浪沙以东。

武市权六到达西李寨后，向铁路两侧一阵疯狂扫射，没有发现任何迹象，只得督促士兵赶快修好火车，继续前进，并指挥汽车上的日本士兵跑在火车前面，引导火车开过县城。火车继续前进，他这才放心地回到县城。

赵恒带领县抗日大队二连，天黑到达沙岭、刘庄一线，在铁路线东西200米内设两个伏击点。当队员进入阵地后，卞城及时赶到。交代赵恒找两个会爬电线杆的队员，当战斗打响后，在伏击圈外东西两头的两根电线杆上剪断敌人的电话线，使敌军无法增援。

午夜时分，正当鬼子在火车上吃着宵夜喝着小酒时，火车已经进入了伏击圈内。

当火车进入100米射程时，卞城手枪一举，“打”，前后队员一齐开火，鬼子被这突如其来的枪声吓傻了。火车慢慢停了下来。有几名战士跑到离火车近的位置投了4颗手榴弹，随着爆炸声，在东西离火车200米外的2名八路军战士，同时爬上了电线杆，手持钳子剪断了电话线。鬼子胡乱还击了一阵不敢久停，抬着受伤的人上车继续前进。

驻太平镇的鬼子听到枪声，不知怎么回事，无人报告，电话又不通，只得集合起来做好战斗准备。当火车进入车站时，押车的鬼子小队长向站内传话说：“我们遇到了八路军拦车狙击，你的快快地到沙岭消灭他们。”火车停了几分钟，继续前进。驻太平镇的20多个日军和30多个警备队员匆忙赶到沙岭、刘庄一带，胡乱打了一阵枪后，又缩回到据点内。

这时，卞城、赵恒带领队员们从太平镇南面绕到东面。卞城对赵恒说：“不要和敌人正面冲突，我们的主要任务是夺取火车上的物资。只要太平镇的敌人不向东增援，就不要动他。”

孟厚带领队员们在第三狙击点早已做好了一切准备。时间已是后半夜了，不见火车动静，好多队员有些着急。

这时及时赶来的李进军向队员们说：“大家不要着急，要耐心等待，细心观察，沉着应战。”

几个准备爆破的队员趴在铁轨上听了听，铁轨有了动静，忙传话说：“来了，来了。”

李进军和孟厚看到远处有光线，一列火车慢慢地进入伏击圈内，“打！”李进军举枪先打灭了火车上的探照灯，趁着灯灭之时，前面铁路中间队员们拉响了炸药包，一声巨响，铁轨炸断了，火车停了下来，鬼子正慌乱时，县抗日大队的队员向鬼子投了手榴弹。随着手榴弹的爆炸声，10多名队员冲上火车，将车头的敌军全部消灭。火车司机刚要跳车，被一名队员一枪打死，一头栽下火车。

同时，孟厚带领10多名队员冲向车尾，将鬼子全部消灭。整个战斗只用了20分钟，队员们完全控制了火车。李进军和孟厚一面让战士打开车门朝下面扔东西，一面联系刘子芳和杨俊厚在十里店等待拉物资的车辆。

当装满物资的20多辆大车撤出战场时，天已渐渐放亮，附近老百姓一哄而上，将火车上的物资搬了个精光。

郭超带领一连队员在县东沙岗上守了一夜，不见鬼子动静，就主动退出阻击点，向南撤走。

县抗日大队三次袭击火车，大获全胜。

缴获的物资几经周折，大部分运到蒋庄分点存放。青年们拿着发放的枪支个个喜出望外，战斗情绪分外高涨。卞城、李进军要求各连加紧训练，准备迎接新的战斗。全县民众听说县抗日大队打了鬼子的火车，无不欢欣鼓舞，群情激昂。夺到鬼子物资的群众，更是喜不自禁，有人拿着胜利品，走亲访友，黄河两岸到处都在传颂着这个神奇的故事。

驻开封日军机关长没等来运送物资的火车，向日军驻新乡机关长询问，得到的答复却是火车已按时出发。

日军驻新乡机关长龟田这才感到问题的严重性，忙打电话追问，电话不通。他急忙带着伪警备队一面快速通知驻原武、阳武日军头目到阳武集中，一面乘汽车赶到阳武县。驻太平镇车站的日军前来报告：“火车在牛赵庄被劫，铁路被炸毁，车上20多个日军全部被击毙，车上全部物资不知去向。”

日军机关长听了报告，气得火冒金星，脸色苍白，猛地拍了一下桌子，向武市权六用力打了两个嘴巴子，其他人站了起来，等待训话。

机关长龟田气急败坏地大叫道：“你确保的安全在哪里？一群笨猪！蠢蛋！”

驻阳武的迪原和驻原武的田口站在那儿一动也不敢动，听着上级的训斥。龟田最后说：“撤销官厂、吴厂据点，集中兵力维护铁路治安，快快地抢修铁路。今后，铁路线再出问题，统统的死啦死啦的！”

然后龟田一挥手上了汽车，灰溜溜地乘汽车返回了新乡驻地。

二十二、围点设伏　巧过三关

县抗日大队三打火车，大获全胜，在阳武、原武两县的人民群众中名声大震，青年人参加县抗日大队非常踊跃。在焦庵、马庄、大张庄、马井等村，青年们三五成群地参加县抗日大队。马庄的温广海，带领5个人参加了郭超连队，马井的尚道礼带着3个青年参加了赵恒连队。

县抗日大队在人数上不断增加，装备上也有了改进，补充了手枪、机枪，通过训练，各连队纷纷请战，要求拔掉日军据点，誓把日本鬼子赶出原阳。

县抗日大队得到日军准备收缩兵力、固守县城的消息后，卞城、李进军召开会议，研究官厂、吴厂两个据点在鬼子撤走前如何打伏击的问题。会议上有人提出：现在我们人人有枪，日军据点的鬼子不过几十个人，干脆拔掉他们算了。

卞城说："目前情况硬拼不行，只能在路上伏击。"

为此，卞城做出了对官厂日军据点打而不攻，对吴厂据点围而不打的决定。也就是说，对官厂日军据点除政治攻势外，每天都有枪声骚扰，但不强攻，在日军撤退的大堤和奶奶庙进行伏击。对人数较少的吴厂日军据点，发动政治攻势，威慑敌人，迫使20多个伪警备队人员仓皇逃跑，然后在撤退路上设伏消灭他们。

大家一致同意这种打法，会议部署郭超连队仍在磁固堤一带活动，赵恒连队包围日军吴厂据点，孟厚连队围困官厂据点。什么时间打，伺机行事。

这几天，秋雨连绵，下一阵停一阵。县城据点里的鬼子想用汽车接吴厂、官厂两个据点的鬼子转移。但是道路泥泞难走，又恐遭到伏击，日军左右为难，急得像热锅上的蚂蚁。

在官厂据点，执行围困任务的八路军队员们每换一班，就朝鬼子哨兵打几枪。特别是夜里，一阵枪声之后，鬼子就紧急集合；在村外巡视一圈后，不见人影；刚睡下，又响起枪声。没几天，便把鬼子搞得惊慌失措，疲惫不堪。

八路军给伪军写信，朝日军据点递纸条、喊话，内容是：鬼子快完蛋了，中国人不打中国人，你们赶快投降吧，当汉奸绝对没有好下场等。

第二天，连日的阴雨刚停，驻县城日军朝吴厂、官厂据点派出骑兵送信。

卞城说："不要打送信的，赶快做好伏击准备，我通过内线得到了鬼子撤退的消息。"

卞城随即派尚良、兰长营给郭超送信，让他们明天一早在城南选好伏击点，阻击出城增援的敌人。

驻官厂日军小队长克武接到撤退命令后，吃完早饭，对全体日军和伪警备队50多人训话："今天我们撤回县城，到了那里，有吃有喝有玩……在路上要小心行进，防止八路袭击。如有畏缩不前的统统就地枪决。"他们出了官厂据点，乱打了一阵枪，伪警备队30多人在前，20多个日军在后，徒步前行。

在通往县城的大道旁奶奶庙村，孟厚带领县抗日大队三连的队员们一大早来到这里，做好了战斗准备。卞城带领10多名队员，扛着一挺机枪，在大堤口等着。

卞城对机枪手说："伪军上堤时不要打，隐蔽好，当鬼子下堤时再打。"

这群鬼子上了大堤朝北面打了几枪后，见没任何反应，就大摇大摆地下了大堤。20多个鬼子刚下坡，卞城便下令机枪手开火。听到枪声，走在前面的三四个伪军丢下枪支就跑，他们全撞在抗日大队的枪口上。鬼子小队长一面朝大堤还击，一面朝前猛跑，一口气跑出四五里路，不见后面追赶，也就放心了。没想到当前面警备队走出奶奶庙村时，孟厚带领的伏击队员突然开火，警备队有乱打枪的，有逃跑的，鬼子小队长用嘶哑的声音喊："快快快，进村子。"这时敌人只剩下10多个，他们只得小心翼翼地朝前走。

从县城开出的两辆汽车，出城不远，在大张寨村北停下，走不了，原来郭超已经带人将路上挖了沟，浇上了水，汽车轮子在稀泥里只是打转。郭超不用打枪就阻击了日军。驻城的日军听到城南有枪声，又派一个排的骑兵，迎接官厂据点跑出来的狼狈不堪的鬼子。这次伏击打死鬼子10多个，缴获枪支30余支，再次打出了县抗日大队的威风。

赵恒按照卞城的部署，对吴厂据点的日本兵和伪警备队，围而不打，政策攻心。几名队员深夜到吴厂东头贴标语，通过各种关系给伪警备队传信。吴厂据点人数本就不多，只有10多个鬼子，伪警备队也不到20人，通过政治攻势，伪警备队利用站岗的机会带枪逃跑了4人。鬼子慌了手脚，在接到撤退命令的当天晚上，就准备提前撤走。当天晚上后半夜，10多个鬼子和10多个伪军偷偷地从吴厂西头撤走，当走到官厂北面，被赵恒发现，他赶快集合队伍，一路追着打，抄小路跑到前面阻击，一面追一面打，当追到大堤上时鬼子已跑远了。清查战场打死2个鬼子，缴获4支步枪，我方无一伤亡。

驻官厂和吴厂的日军撤到县城后，阳武和原武县的日军头目分别向驻新乡日军机关长龟田做了汇报。

龟田随即命令：第二天阳武县、原武县、获嘉县各抽调一个中队的日军和伪警备队，对高庄村、磁固堤、宋楼、大城一带的八路军进行扫荡，总人数超过300多人，并配备有迫击炮和机关枪。

这次大扫荡，日军总的意图是消灭这里经常活动的县抗日大队，除掉心腹大患，维护三县交界的治安。

这一天拂晓，日军300多人包围了三区驻地磁固堤。正巧前一天，郭超带领三区所属的30多名队员到西合角去破坏敌人的电话线，回来住在了高庄村。天刚亮，从磁固堤传来了枪炮声，郭超赶快集合队伍，让李之超在此负责，自己和指导员一起去侦察敌情。两人到达村南，这时在荒坟地隐蔽的敌人突然向他俩开枪，郭超拔出手枪刚要还击，被指导员一把拉住，“不急，敌人并没有发现我们，敌人这是在试探，如果发现了我俩，那么多人，他们集中火力向我俩射击，我们就危险了”。两人观察了一会儿，赶忙带领队员奔向村东头，刚到村口发现东南方向也有敌人活动，转头又向村北方向跑去。转移到村北，发现没有敌人，指导员指挥大家隐蔽在高庄与大张庄之间的路沟里，低声向每个队员交代：“敌人太多，没有我和郭区长的命令，不许开枪。”当队员全部隐蔽好后，随即派两名熟悉情况的队员到大张庄搞了点儿吃的，停了一会儿，郭超决定朝大张庄转移。30多名队员一进村，发现伪自卫团60多人趴在地上准备向区队员开枪射击，这时沉着的魏指导员大声说：“自己人，不要开枪！”敌人看着30多人大摇大摆地向西走去，便认为是自己人，瞪着眼让区队员走了过去。出了村，郭超问指导员：“你怎么镇住了自卫团不向我们开枪？”指导员笑着说：“这叫兵不厌诈，三县联合扫荡，他们相互不认识，只要我们沉着大胆，他们就认为是自己人。”当前往王贵楼时，有人问：“那里不是有日军吗？”指导员忙说：“日军扫荡有规律，他们从不走回头路，现在已过中午，我们到了，估计日本人该走了。”果然，当全体队员到达王贵楼时，已没了日军的踪影。

这次日伪扫荡，到处扑空。郭超、魏指导员领着队员巧妙迂回，无一伤亡。当天下午，郭超和魏指导员带领队员返回磁固堤驻地时，当地群众纷纷向县抗日大队控诉敌人放火烧屋、抢劫财物的罪行。这时许大娘走过来说：“还有一个特务汉奸没走，就是昨天在这儿侦察情况的那个人。”郭超让指导员带几名战士抓了这个人。战士们很快通知村民说：“县抗日大队召开大会，枪决汉奸。”当地村民很快来到会场。会场上，魏指导员宣布了汉奸的罪行，郭超当场宣布执行处决。两名战士架着这个汉奸到村边，一声枪响，这个汉奸当场毙命。当地群众无不拍手称快。

指导员正在大会上发动群众参加抗日斗争，这时，又来人报告说，李西岭带着伪警备队从亢村返回原武。郭超马上宣布会议结束，集合队伍阻击伪警备队，战斗打了半个小时，伪警备队被打散，活捉了敌人的一个副官，并缴获一部分布匹和其他物资。

第二天，魏指导员带领战士们把部分物资分给了村民。上午把这名副官押到大城，在那里召开群众大会。当地村民控诉了他的罪行，最后郭超宣布执行枪决，就地处死。

这次战斗，原阳抗日大队，以30多人战胜了300多敌人，巧闯三关抓汉奸，他们的英雄事迹在黄河岸边、牧野大地广为流传。

二十三、精心策反　巧送图纸

自日军从官厂、吴厂据点撤走后，三县联合大扫荡无功而返，还搭上了一名副官和一名特务。驻原武城的日军更加恐慌，加强了王村和盐店庄据点的联系。每隔几天，就派出汽车或骑兵在三点之间来回窜动。在据点周边，转上一圈，乱打一阵枪，就沿公路返回。王村、盐店庄据点的日、伪军，也不敢轻举妄动。

随着敌后人民战争的节节胜利，日军收缩了兵力，加强了城市防御。在游击区人民群众抗战情绪日益高涨的情况下，太行山军区党委派郭世英来到原阳，传达党中央、毛主席的指示。在焦庵村褚家院内召开会议，会议由卞城主持。

卞城说："今天召集县抗日大队和县委成员以及各区区长开会，主要是两项内容：一是郭同志传达上级党委的指示，二是研究下一步如何开展对敌斗争。"

在一片掌声中，郭世英站起来说："针对世界反法西斯战争的形势，毛主席发表了重要讲话。他指出，目前时局有两大特点：一是反法西斯战线的增强和法西斯战线的衰落；二是反法西斯内部人民势力的增强和反人民势力的衰落。希特勒不久就会被打败，日军也处于穷途末路。根据全国抗日斗争形势的发展，党中央发出‘扩大解放区缩小敌后区，把敌压缩在交通线上，加强城市工作和交通要道工作’的号召，迎接抗日战争的全面胜利。我们这个游击区十分重要，南有黄河渡口，西有平汉铁路，还有修获武抗日根据地。如果我们这个区域拿掉盐店庄、王村据点，攻下原武县城，我们的地理优势，那就如同平汉铁路的两个桥头堡。这里历来是兵家必争之地，摆在我们面前的有利条件很多，主要有两个：一是国民党败退时，散失在群众当中的武器很多；二是这里有党的坚强领导，以卞城为首的党组织，培养了一大批骨干队伍。还有群众的抗日情绪日益高涨。为此，太行分区地委决定，开辟原武抗日根据地。同志们，我们现在需要充分发动人民群众参加抗日活动，有钱出钱，有人出人，有枪出枪。全民团结一致，共同抗日。同时我们还要派出得力人员，到各据点和县城内做好日伪人员策反工作，摸清敌情，为早日拿下县城做好准备。”

一天，适逢原武城古会，日伪在四个城门加了双岗，每个进城的人都要排查。郭超挑着萝卜、白菜，赵恒担着红薯、南瓜，从南门进了县城。吴泉、王智、李良也分别化装成小商贩，从西门进城。尚良和高菊夫妇挎着篮子，从北门进城。他们的主要任务是：一是摸清日伪兵力部署、火力配置、人员编制等情况，并绘成图送到太行军区第七分区一团；二是策反伪警备队伪县政府人员，在攻城时让他们协助；三是利用学校加强抗日宣传，动员青年学生参加八路军。

西街中学李惠民老师和校长李兆甫关系较好，郭超、赵恒原来也在这个学校就读，常以看望老师、校长为名来做李校长的工作。通过耐心细致的思想工作，李兆甫明确表示：为抗日出力。郭超白天和老师学生结伴在四街走动，晚上住在西街杜明家中。各进城人员，安排在四街，将摸清的敌情逐个向郭超、赵恒汇报。经过几天努力，原武城的兵力部署图很快绘好，一式两份。可是，怎么送出城却是一道难题。因为四个城门岗哨盘查严密，每个城门都有日军监视。

又逢原武古会，中午时分，在原武城南门王智和李良各挑着一担大粪，走到岗哨前，说要出城送粪。哨兵看了看，叫他俩赶快走开。原来他俩将敌人的兵力部署图，藏在粪筐底下，用布包好，借出城送粪之机，将图纸送出城去。与此同时，尚良用车子推着“病危”的高菊来到了西城门。哨兵看了看高菊，见她衣衫褴褛，头顶发臭的头巾，哨兵捂着鼻子，用枪托顶了两下，高菊咬着牙没有吭声。尚良忙说：“人都快没气了，你还检查什么？”一个哨兵说：“快走，真晦气。”原来高菊按照郭超的吩咐，将另一份图纸藏在身上，将图纸成功送出。

出城的两份图纸很快到了卞城手里，卞城说：“你们完成了一项了不起的任务，为你们请功。”王智、李良返回城里，郭超、赵恒让他们精心组织策反，完成党交给的光荣任务。

当郭超、赵恒得知兵力部署图已安全送出时，心情无比兴奋。随后得到党组织下一步如何策反的指示。当天夜里，郭超、赵恒和李惠民等人就研究，策反伪警备队。如能成功，八路军拿下县城就有了把握。可是让谁去做策反工作呢？几个人反复合计，决定让校长李兆甫去完成。李校长瞅准了伪警备队队长爱喝酒的毛病，采用拜把子、请喝酒等手段与他接近，并向他讲解了八路军英勇善战和对投诚人员的宽大政策。

一个大雾的早上，卞城、李进军带领县抗日大队悄悄地包围了原武县城，当日、伪军还在梦中时，突然从南门和西门外响起了枪声，夹杂着鞭炮声，震耳欲聋。

驻城鬼子和伪警备队惊慌失措，迅速派伪警备队到西门和南门城墙查看，当日本鬼子带领伪警备队大部分人员上了南门和西门城墙时，突然又在北门和东门响起枪声，鬼子又赶快派兵到东门和北门，由于雾大，鬼子不敢贸然出城，等天大亮时，卞城带领县抗日大队已经撤走，鬼子连一个人影也没有看到。鬼子和伪警备队人员恐慌不安，城里的老百姓说是“神兵天降”，要不，怎么会没个人影呢？

一个晴朗的上午，尚品和孟珍拎着礼品来到伪军队长许子俊家，许子俊妻子严玲赶快迎了出来，看到两个陌生的女人手里拎着点心，她笑嘻嘻地说：“你是——”

“你不认识我了？我是你的远房亲戚孟珍。”

“快进屋坐。”

孟珍对严玲说：“来看看你和孩子，说说话。”

“来就来吧，还拿东西，让你破费了。”严玲笑着说。

尚品在外面观察。

孟珍话锋一转，直接说：“我们是县抗日大队的人，听说了吗？原武城外神兵天降，不久就要攻打原武城，你男人为日本人做事，是汉奸，如果他被惩治了，你和孩子怎么过啊？”

严玲哭着说：“那可怎么办？”

孟珍说：“你明天带着孩子到县城和许队长说，八路军优待投诚人员，让他在八路军攻城时，不要开枪，并打开城门，配合八路军消灭日本鬼子。一定要保守秘密。”

严玲忙说：“中，我明天就去。”

第二天早上，学校让学生出城跑操，李惠民假装解手掉队，跑到官厂去见卞城。

卞城说：“八路军很快就会攻城，在攻城之前，做好许子俊反正工作。”

李老师说：“我已经和他谈过，看他还有些犹豫，回去我再找他谈谈。”

卞城说：“祝你成功。”

一天晚上，伪警备队队长许子俊在办公室来回踱步，坐立不安，内屋里妻子严玲在低声哭泣。

严玲哭着对许子俊说：“我不能没有你，孩子不能没有爹，你没有了，谁管我们娘儿俩？你若不反正，八路军攻城后也不会饶你。”

许子俊在屋里来回踱步：“孩儿他娘，别哭了，让我考虑考虑。”

通过对许子俊的策反工作，他终于答应同八路军代表见面，但他不愿自己出面。第二天晚上，让自己的好友胡瑞去见郭超。

深夜时分，郭、胡二人见了面。一开始，二人相互试探，好大一会儿，看四下人静，才奔向主题。郭超面对这个土匪出身的伪军中队长胸有成竹，大讲日军必败的形势：“你们如果继续与人民为敌，日本人救不了你们，他们已是泥菩萨过江，自身难保，到头来你们不会得到好的下场。”通过对这两个汉奸头子的一打一拉，最后终于达成了反正协议。

协议明确规定了三条：一是八路军攻城前，伪军负责打开西门，撤掉一切障碍。二是八路军进城后，他们向空中打枪，假装抵抗，然后将伪军集合在县中学院内，听从八路军的调遣。三是伪军编入原武县抗日大队，建制不变，由八路军派一定数量的工作人员，听从八路军指挥。伪军还提出确保他们家人安全的问题，郭超代表我方答应了一切合理的要求。

在精心策反、计送图纸之后，为了不再起变故，卞城等人研究留几个有经验的同志继续在县城做细致的工作，并等待八路军的攻城之日。

二十四、长途奔袭　原武歼敌

修武县的西北方，是一片连绵起伏的丘陵地，通过转弯抹角的山口，进入云台山脉，这里是太行军区第七分区一团的驻地。经过道清战役的一团，按照上级指示，正在加紧练兵，准备迎接新的战斗。

在练兵场上，有的战士在射击，有的战士在练习投弹，有的战士在练习爆破，还有的战士在练习攀登云梯。一个连长拿着手表看着时间，看谁攀登得快，一派生龙活虎的景象。这时，团长张天恕、政委崔建功从另一个山坡上走了过来。一营营长楚胜利忙跑步前来，立正敬礼："报告首长，一营全体官兵正在训练，请指示。""很好，继续训练。"团长和政委在一营营长的陪同下，到各连视察。

在一个小山包下面，坐着一营的全体官兵。团长站在高处向战士们说："我和崔建功政委看了你们的训练，大家很努力，战斗动作也有一定提高，但还存在不少问题。同志们，对日作战形势发展很快，我们要从山地游击战转为阵地战、攻坚战、运动战，这就要求我们在训练中要有新的突破。比方说，光靠云梯还不够，还得会翻高墙、上高房，还要练习在街道居民地带如何打。在爆破上要练习炸炮楼碉堡、炸坦克等技术，还要练习夜战、近战。要敢于和敌人拼刺刀，射击、投弹要准，拼刺要狠。只有平时多流汗，战时才能少流血。我要求你们一营全体官兵，在训练中抓住重点，突破难点，练就一身过硬本领，迎接新的战斗，打大仗，打胜仗。下面请政委讲话，大家欢迎。”

一阵掌声过后，崔政委向大家敬了一个军礼，两手一落，示意大家安静：“同志们，我们是太行山地区主力团，建团早，参加战斗也多，立功也不少。但是，这只能说是过去，现在对日军作战已开始局部反攻，收复失地。敌占区的父老乡亲，他们天天都在受鬼子、汉奸的压迫，天天都在流血，天天都在盼望我们早日消灭那里的鬼子和汉奸。我们是主力团，我们不能等，要是兄弟部队把仗打完了，我们就打不上了。根据上级指示，我们要走出太行山，越过平汉铁路，扩大解放区面积。”

这时，通信员跑来说：“原阳县抗日大队派人来了，在团部等着你。”

崔政委最后说：“大家继续训练吧！”

一团团部，坐着原阳县抗日大队通信员路长河和班长耿道礼。他俩喝着水，看着吴参谋在图上标着红点，就问：“哪是我们县？”

吴参谋说：“看，在这里。”

他说日军驻地是蓝色点，各县抗日大队的地方是红色点。

团长、政委一步跨进来问："你们在说什么呢？"

吴参谋说："他俩是原阳县抗日大队来送情报的通信员和老交通班班长。"

政委向前一步说："你们一路辛苦了。"

路长河赶紧从怀里掏出一沓厚厚的纸袋说："我们大队长卞城说，这是一份比生命还重要的情报，让老班长和我按时送到。"

崔政委将信件交给团长，团长仔细看起来。一边看一边说："崔政委，你以咱俩的名义给卞城写封信，让县抗日大队加紧训练，并选出两个对盐店庄、王村据点熟悉的班，配合我们攻打据点，写好后让他们带走。吴参谋，你给他俩弄点吃的，然后让他们连夜赶回。"

吴参谋答应一声："是！"

夕阳西下，在望阁楼村外的一片空地上，站满了全副武装的一团官兵，团长张天恕下达战斗命令："今晚我们越过平汉铁路向原武县进发，攻打盐店庄、葛韩庄、王村据点，围攻原武县城。一营攻打盐店庄、葛韩庄据点，在夹堤和县抗日大队会合后，开始出发。二营和三营一个连，攻打王村据点，在王录和县抗日大队会合后开始出发，三营一个连和团属机枪排在原武以西杨庄一线阻击敌人增援，出发。"

经过几个小时的急行军，部队到达乔家庙村的一个转弯处。卫生队的几个女护士在这里打起竹板，为全团战士鼓劲。

一个扎着辫子的女护士唱道："一团神兵下山岗，越过平汉打东洋，鬼子残暴如虎狼，打他喊爹又叫娘。"

另一个女护士接着唱："团长政委走在先，全团跟着跑得欢，团长是个老英雄，带领我们打冲锋，不怕苦来不怕累，他是革命老前辈。"

几个女护士合唱道："快快走，快快赶，把敌人老窝一起端。解救那里的老百姓，把敌人全部消灭净。"

部队一路急行军，在指定地点和县抗日大队会合。按照县抗日大队分工，李进军政委带领几名战士配合一团一营攻打盐店庄、葛韩庄据点，卞城带领几名战士配合二营，攻打王村据点，其余战士在杨庄一线增援。战士们经过短暂的休息后，吃了点干粮，分头行动。

盐店庄南临黄河天险的花园渡口，西邻平汉铁路，是郑汴新三角地带。北宋时期，它是我国西北通往国都开封的主要通道，战略位置十分重要，是历代兵家必争之地。日军占领原武县后，派出中队长小野携带迫击炮2门、机枪2挺，20多个日军和伪警备队30多人，驻扎该镇。一团一营攻打的前一天晚上，日军小野带两名随从去原武据点，正巧伪警备队队长祝天赐回家未归。这天后半夜，一营全体人员已把该镇四面包围，连长关向明带领一连，从土寨西北角抢先攻入镇内。一班班长举枪打死一个日本哨兵。当八路军进攻到日军院内时，几个日军拿起武器，仓皇应战。一连连长投进两颗手榴弹，多名战士冲进屋内，把近20个日军全部消灭。二连包围了警备队，30多个伪警备队士兵听到激烈的枪声，惊慌失措，二连连长向院内喊话："缴枪不杀！中国人不打中国人！"30多名伪军全部缴了械。整个战斗只用半个小时，俘获30多人，缴获各种枪支50余支、迫击炮2门和部分弹药。

一营当夜清点人数，无一伤亡。紧接着跑步向葛韩庄前进。葛韩庄没驻日军，只有一支30多人的民团，是一支地主武装。一营二连二排率先冲到民团驻地，一阵枪声过后，打死了2个哨兵。敌首温得功和10多个民团士兵扔掉枪支，从后门逃跑。八路军缴获枪支10多支。接着一营全体官兵跨过黄河大堤，向王村据点出发。

王村据点是日、伪军的区所在地，日军派一个小队把守，另外还有伪警察分所、自卫团和伪警备队分队。在地主武装丁家大院内修有炮楼，在炮楼顶端，可鸟瞰全寨，居高临下，易守难攻。

崔建功政委带领二营和三营的一部分战士在王村以北停止前进，召开了营连干部会，让配合攻打王村的郭超连长介绍情况。然后，下达攻击命令："将王村据点四面包围，力求全歼，不准放走一个敌人。"郭超和二营营长娄长亮带领突击连抢先从西门突入。丁家院炮楼上的敌人大声喊："口令！"接着就鸣枪示警。这时，突击连沿街道跑步前进，战士们相互掩护，交替前行，很快包围了敌人据点，然后发起强攻。战斗打了十几分钟，八路军抢占了敌警察所后，就把团指挥所设在警察所。政委和营长到战斗第一线指挥战斗，以密集火力把敌警备队、自卫团压到丁家大院炮楼内。打了一阵后，二营营长娄长亮一面让战士打开户与户接近炮楼的通道，一面让郭超代表八路军向炮楼内的敌人喊话。郭超用纸卷了个话筒，大声喊话："你们被包围了，投降吧！八路军优待俘虏。"敌人继续顽抗，疯狂地向我方射击。这时，指挥部下达命令："二营必须在一个小时内拿下炮楼。"二营营长指挥战士们一面发起强攻，一面在通道内加快推进，战斗异常激烈。与此同时，日军从原武派出骑兵，增援王村据点。骑兵行至杨庄地段时，遭到我军的伏击，仓皇逃回原武。在王村据点，老班长宋二娃和另一名战士，抱起炸药包就冲，但未靠近炮楼就倒在血泊里。四连连长一看老班长牺牲，一时性急，拉过机枪，向着炮楼顶部一阵猛扫，炮楼上两个敌人正向下投弹，便一头栽下炮楼。恰在这时，通向炮楼的通道已打通，两名战士将烟幕弹投入炮楼内，一时浓烟四起，敌人误以为是毒气弹，全部跑出炮楼缴械投降。当俘虏们排着队举着双手走出丁家大院时，天已大亮。战士们押着俘虏坐在一片空地上，由崔建功政委给他们讲八路军优待俘虏的政策。正在讲国际形势，日本鬼子近期就要完蛋，汉奸没有好下场时，二营营长跑来报告："战场清查完毕，消灭日、伪军80多人，俘敌130多人，缴获各种武器200余件，全歼守敌，首战告捷。"整个战斗只用了65分钟，我军牺牲1人，伤1人。

八路军七分区一团，在县抗日大队配合下，长途奔袭，夜拔三据点，全歼守敌，受到了太行山军区的表扬。一团奉命撤出战斗，到沙河一线待命。

二十五、攻克原武　痛打二狗

原武县城，雄伟，高大，全城有八景苑所，闻名遐迩。在中原的县城中，号称“五武之首、五武之尊、五武之冲”。所谓“首”，是指它建成最早；所谓“尊”，是说它在历史上地位重要，出的名人最多，官居宰相的达12位之多；所谓“冲”，是指它居华夏的南北交通要道。

日军占领原武后在这里驻守一个联队，把原武作为重要的要塞防守，配有炮兵和骑兵。在日军驻地有10米多高的炮楼，在四街三关驻有伪警备队400多人，另外还有警察局、造枪所、新民会、医疗队等，是一座设施完备、防守严密的县级城防。

七分区一团在县抗日大队的配合下，夜拔三个据点，威震中原。王村据点的被俘人员，有几个人回到原武县城，成了我军的义务宣传员，见到近亲好友，就讲他们的被俘经过：八路军从天而降，迅猛异常，英勇善战，以一当百。把烟幕弹说成了新式武器，八路军成了神兵天将。听者无不心惊肉跳，谈“老一团”色变。八路军何日进攻原武，成了人们茶余饭后的谈资。

原武中学党组织，利用各种关系，宣传八路军的强大攻势。日军心神不安，伪军心惊肉跳。

在八路军强大的政治攻势面前，日、伪军惶恐不安。驻原武联队长田口小林、骑兵队长令木高桥下令加岗加哨，在城内加强巡逻；对警备队的伪政权人员严加控制；重金收买汉奸特务，作为日军眼线。原武城头岗哨林立，城外巡逻加强，汉奸特务活动频繁，对进城人员一律严加搜查。

冯恩、肖扬和宋斌3个青年学生，步行两个月，几经周折，从北方带着信件，准备到郑州西，投奔国民党军队。这一天，来到原武县城，在街头一家饭馆吃饭，向邻桌吃饭的学生打听，在哪里可以渡过黄河。青年学生在交谈中，讲了些只有投军报国，才能拯救中国的言语。这些谈话正好被汉奸特务黄守仁听到。当晚，他便向日军告密。深夜，几个日本宪兵和伪警察在黄守仁带领下，从店内抓走了这3个青年学生。在日本宪兵队审讯室内，3个青年学生被打得皮开肉绽。黄守仁一边打一边问："你们3人受何人指派？来城里和谁接头？"这3个青年都说是学生，路过这里，日军认为3人话音不是当地人，又在城内问这问那，认定是八路军侦察员，应该杀掉，以防后患。

一大早，被日军禁押的王婷和桂兰，把写好的纸条扔给带队出早操的孙老师。孙文岩老师回到校内，打开纸条一看，知道日军要杀掉这3个青年学生。孙老师将情况迅速传给了李老师和李校长。

上午10时许，伪警备队和日军宪兵队押着这3个青年学生，一面打着锣一面高喊："今天处决八路军侦察员，今后有谁再敢私通八路，统统枪毙。”当押着青年学生的日、伪军来到西街时，原武中学的老师们组织学生举着小旗拦住其去路，100余名学生高喊“不准迫害学生，学生无罪”等口号。宪兵队又回头朝南街走去，百余名学生仍跟在后面进行声援。日、伪军把这3个青年学生押到南关淋盐岗上，捆在木桩上，用黑布把眼睛蒙上。南街日军和伪警备队又出动了100多人，拦住学生，鸣枪警告，驱赶学生。这时，3个日本鬼子揣着刺刀，哇哇地喊着，用刺刀一齐捅向这3个青年的胸膛。鲜血流了一地，现场惨不忍睹，观看的群众低着头失声痛哭。3个投军青年就这样惨死在鬼子的刀下。原武中学的学生蜂拥而上，可惜，抢回来的只是3具尸体。

夜深人静，朔风骤起，雨雪敲打着带血的刺刀飘然而下，天地为之哀恸。李老师和孙老师改完作业，回到住室，刚一推门，就被早已等候在那儿的黄守仁和几名伪警察抓走。他俩被伪警察架着，一路小跑来到了日本宪兵队。

半夜时分，从宪兵队传出的打骂声和两位老师的反抗声交织在一起，惊醒了同一监狱的4位女子，她们4人穿衣坐起，王婷、桂兰听了一会儿说：“是孙老师和李老师的声音，还有狗汉奸黄守仁的叫骂声。”四人当夜商量，天明伺机送信，让学生声援。

第二天上午，日本走狗黄守仁和王婷、桂兰在宪兵队大吵大闹，王婷说：“黄守仁，对皇军不忠，你乱抓什么共产党八路军侦察员，难道你想把全城百姓逼反吗？让皇军不得安宁吗？”恰在这时，大街上100多名学生喊着口号，要求放回老师。桂兰指着外边的学生，对日军军官说：“你看，如果全城百姓都起来反抗，你们如何守城？”日军军官听了，觉得也有道理。黄守仁上前说：“我对皇军的忠诚大大的，我是为了城防安全才去抓人的。”最后，日军军官不得不出面对李校长说：“你们先回学校，二位老师等我们问一些事情，就让他们回去，绝对保证他们的人身安全。”

在孟窑村一个大院内，八路军太行军区第七分区一团团长张天恕、政委崔建功正在和卞城、李进军研究如何攻克原武县城的事，尚良跑过来报告了原武城内日军杀害3名青年、绑架老师、学生声援遭阻的情况。城内内线要求尽快攻城，团长当场拍板：“今晚攻城。”当时针指向3点时，城内一片寂静，只有城墙上和炮楼上的探照灯瞪着眼，怒视着夜空。3发红色信号弹从南关上空升起，霎时，南门和东门枪声骤起。日本鬼子从梦中惊醒，紧急集合，朝着南门、东门增援。这时，城内的喊叫声、哨声和枪声响成一片，四街日、伪军乱作一团。这时西门和北门的枪声也同时响起，警备队队长许子俊抢先跑到西门，打开城门，然后领着伪警备队部分人员，朝天空乱打了一阵后，赶紧到西街中学，见李惠民。李老师说：“卞城在北门正打着，你赶快带亲信到北门打开城门。”这时，许子俊一面派人打开城门，一面派人联系伪警备队到学校集中，集体投诚。同一时间，赵恒带一营突击，迅速沿西街攻击宪兵队，包围了炮楼。营长楚胜利指挥着，先扔了两枚烟幕弹，然后突击队员迅速接近炮楼。一连一排排长关向明，让两名战士在碉堡两侧放好炸药包。一声巨响，鬼子失去了制高点，几名战士冲进屋内，击毙几个日本兵后，活捉了日本顾问。与此同时，南门王家园内战斗异常激烈。团长张天恕指挥着战士，打开通道向院内投弹。二营营长娄长亮沿南街一面攻，一面向前推进。他们迅速占领了警察局、造枪所、新民会所。同一时间，东门、北门也被攻破。卞城、李进军、孟厚带领战士占领了伪县政府。从东门突入的三营官兵和鬼子骑兵队展开了近战。几个鬼子骑在马上，拿着战刀，哇哇地乱跑乱砍。三营集中火力，一阵痛杀，消灭全部日军。几名战士拾起战刀，把马拴在一起。这时，卞城、李进军分组抓捕汉奸和日本翻译。

当原武城四个城门攻入的部队在街中心会合时，团长张天恕命令各营按事先分工，派出岗哨和城外流动哨，其余人员抓紧清查武器，打扫战场。县抗日大队主要任务是集中伪警备队投诚人员，组织青年学生抓捕日伪汉奸。郭超带领一组，彻查汉奸黄守仁；赵恒带一组抓捕汉奸高宝海；卞城带领县抗日大队到城隍庙安排召开大会；李进军带领一部分学生在四街三关宣传八路军攻城后的政策，一切工作都在按计划进行。

赵恒带着吴斗泉和七八名战士找到高宝海住处，发现大门紧闭，用刺刀拨开大门后，直奔住室。到了内屋发现人已经跑了，但被窝还是热的。赵恒说："人没走远，抓紧搜查。"一名战士发现了一个暗室。赵恒上去喊话："高宝海，交枪吧！不出来就扔手榴弹。"惊魂未定的高宝海，扔出手枪，跳出暗室。两名战士一起上前把他捆得结结实实。这时往日依靠日本人的势力，对百姓敲诈勒索、无恶不作的走狗汉奸大汗淋漓地被战士用枪押到大街上。与此同时，郭超小组在一家商店后屋抓住了大汉奸黄守仁，全城百姓拍手称快。在日本宪兵队的院内，十几名群众手持铁锹、棍棒，追打着日本狼狗。日军小林高桥平时将这些狗训练得非常凶猛，在四街三关乱跑，见人就咬，见肉就叼，见鸡就抓。汉奸黄守仁和高宝海经常领着这些狼狗，为害百姓和商户，满城百姓敢怒不敢言。再看今日这些狗，夹着尾巴被人追打着，狂吠乱叫，无处躲藏。最后，被群众一一打死。

原武县城东街城隍庙内，到处贴满了“庆祝原武大捷”和“公审汉奸”等标语。上午，一团团长、政委，县抗日大队队长、政委和其他有关人员都已到齐。群众听说要公审枪毙汉奸黄守仁和高宝海，个个欢呼雀跃，三五成群地来到会场。部队早已到齐，庙内挤满了来开会的群众。这时，4名战士押着两个汉奸进入会场，群众高喊“枪毙他们”，有的人向他们吐口水，有的人追打叫骂。

团长张天恕宣布大会开始，首先由政委崔建功宣布原武大捷，然后宣布原阳抗日支队成立及任命人员名单。任命如下：支队长卞城，政委李进军，副支队长苏友明、孙天录、牛喜民，副政委杨时芳。还明确了今后的任务：原阳抗日支队成立后，配合主力，围攻阳武，进军中牟。同时建立各区，区配备干部，建立农会，开展新的工作。主力部队走后，工作由李惠民、董义民、吴泉、杨建彪、刘子芳、李金玉、冯靖等同志负责。崔政委宣布完后，团长又说：“下面由卞城同志宣布两个汉奸的罪行，执行枪决。”在场群众，一片欢呼。两个狗汉奸得到了应有的下场。

大会结束后，一团和县支队撤出县城，执行新的战斗任务。四街三关群众，像欢送久别的亲人那样，拿出家里仅有的馍馍、鸡蛋，往战士手里塞，商户们放起了鞭炮，整个县城像过大年那样热闹。团长张天恕告别乡亲们，并把缴获的枪支弹药留给县支队。

二十六、围攻阳武　进军中牟

在官厂村的李家祠堂内，挤满了本村和刘村的青年。一团政委崔建功讲话："苏联红军开始大反攻，美国对日也宣战了，日本帝国主义就要完蛋了，中国人民将要取得对日作战的最后胜利。我们攻克了原武县城，现在要围攻阳武县城，进军中牟。广大青年要积极参加抗日，把日本侵略者赶出阳武，赶出全中国。下面我宣布：原阳县抗日民主政府成立，卞城任县长，李进军任县委书记。"同时还宣布，将罪大恶极、十恶不赦的恶霸娄炳华、祁占有、孙景修执行枪决。这时，全场群众拍手称快。现场就有20多名青年要求参加八路军。与此同时，太行地委为了扩大新的游击区，从根据地调来了20多名干部，他们都是经过长期锻炼、身经百战的老红军、老党员。太行山七区领导李友九、李秉照亲临原阳指导工作。

当天夜里，在上级领导的指导下，召开了县委扩大会议。会议主要有两项内容：一是调配现有干部，配备四个区的区长、区委书记、区干队队长。官厂是县委办公地，同时也是第一区，马庄为第二区，磁固堤为第三区，包厂为第四区。当时县委成员有：李进军、卞城、杨建彪、苏友明、杨时芳。县委下设组织部、民运部、作战部、宣传部，分别由县委任命。赵恒为官厂区区长，孟厚为马庄区区长，郭超为磁固堤区区长，冯靖为包厂区区长，各区长同时兼党委书记。各区分别有20—30人的区干队，归各区直接指挥。主要任务：一是保卫已建政权。二是配合县抗日支队和太行山八路军执行战斗任务，主要是围攻孤立的阳武县城。同时，进军中牟，扩大抗日民主政府的根据地和游击区。

驻阳武日军安达平昭、武市权六、栗田小野在原武失守后，加紧收缩兵力，加岗加哨，固守阳武县城和新建的铁路线。日军在县城周边开挖战壕，增加火力点，在阳武县城周边和铁路线定期巡逻，派出专业人员维护通信线路。驻城日军增加到150余人，并配备有迫击炮和骑兵。住在四街四关的警备队达500多人。另外在阳武、延津等地活动的国民党六支队和其他杂牌武装，多达2000余人。在这种复杂的斗争中，如何开展工作，实在是一道难题。七分区一团撤走后，在力量上仍旧是敌强我弱，为此在斗争策略上，必须做好统一战线工作。对打着各种旗号的杂牌土匪武装，本着“人不犯我，我不犯人”的立场，互不干涉，重点打击日军。

这次会议明确提出，在目前形势下，宣传群众，发动群众，动员青年人参加抗日队伍，仍是当前首要任务。县委分工：李进军、刘子芳、李惠民、孟珍、尚品等人，负责宣传，要求他们每到一处都要张贴标语，召开会议，利用多种形式宣传抗日，为巩固新政权打下基础，为今后战斗提供帮助。

县支队主要任务是在中牟作战，扩大游击区。各区干部也有明确分工，包厂区干队主要是向阳武县东发展，在太平镇以东袭击敌人运输线。官厂区干队在阳武县城南一带发展，并伺机对阳武县城进行骚扰，阻止日军出城袭击官厂。磁固堤区干队组织人员，向阳武县城以西发展，破坏日军通信线路，孤立阳武之敌。

有一天午夜时分，一列火车从阳武县城开出，行至太平镇以东2公里处，突然几名区干队队员向火车投弹射击，火车停下，日军向四处开枪，但不见人影。日军指挥官武市权六正在接电话时，城南方向枪声响起。安达平昭一面命令城南警备队抵抗，一面亲自带队到城南查看。日军赶到城南马庄一线时一个人影也没有，安达平昭气急败坏地回到县城，疾步走到司令部，拿起电话，拨了一会儿，可是怎么也打不通，用力把话机摔在地上。其实阳武城南枪声响起时，郭超已经带人在合角村以东将300米电话线割断。

县支队组织精干人员在阳武县城东、西、南三个方向同时进行骚扰活动，迫使日军不敢轻易出城。加上国民党豫北游击司令刘彦俊经常在新乡以南活动，加剧了驻阳武日军的恐慌不安。

已是深夜，在官厂李家祠堂内，卞城和李进军因战斗分工争持不下。卞城对李进军说：“你是县委书记，应在这里坐镇指挥，由我带领一连、二连奔袭中牟县的茶庵、董岗和十里店的日、伪军。”李进军说：“你是本地人，是县长兼支队长，当然应由你指挥全局，而且这几天日军可能对官厂以西的根据地进行扫荡，投靠日军的汉奸、杂牌军、六支队也心怀叵测。围攻阳武县城的戏才刚刚拉开帷幕，你怎么走得开？这里留下三连、四连，不但要巩固四个区的政权，而且可能有新的战斗，奔袭中牟应由我带队。”最后定下由李进军带领副支队长苏友明和副政委杨时芳一同前去。

“四月里，麦花未扬，贫苦人家饿断肠，青黄不接难度日，不知活路在何方。鬼子汉奸似虎狼，到处抓人又抢粮。”这首在日、伪军占领时流传的歌谣，是黄河湾两岸百姓生活的真实写照。原阳、中牟两岸百姓自古以来就友好往来，历年来结亲甚多，困难面前相互接济，平日里渡河赶集者甚多。不管到哪家，只要有吃的，都要管饱饭的。自从花园口决堤，原阳境内已成干河，两岸来往更加方便。

八路军连拔日军据点，攻克原武，围攻阳武之后，中牟的百姓日夜盼着八路军打过黄河，解放那里的人民群众。这些天，常有中牟沿黄村民跑来，报告他们那里的日、伪军情况，要求尽快打过去。

月光下，十里黄河滩上，时而人声喧哗，时而水鸟飞起。李进军、苏友明、杨时芳、二连连长安立贤带领200多名八路军战士飞速前进。部队行至黄河南堤，在孙庄、娄庄之间设下岗哨，召开连排干部会议。会议上，当地内线介绍了敌情后，李进军政委下达了战斗命令：一连由副支队长苏友明和连长孙承志带领，攻打茶庵据点；副政委杨时芳和二连连长安立贤带队攻打董岗，天亮前结束战斗，到圪垱张关帝庙集中，然后再打杨桥。凌晨3点，支队一连100多人将茶庵据点团团围住，以连长孙承志鸣枪为令，从四面向据点攻击。一阵激烈战斗后，一连攻进据点。50多名日、伪军乱成一锅粥。一连从四面攻进街心，把日、伪军压缩在弹丸之地。

一排排长和战士们高喊："缴枪不杀！"据点内，除打死的、逃跑的外，有20多人缴枪投降。一个多小时后，战斗顺利结束，一连战士押着俘虏和缴获的武器返回关帝庙。二连在杨时芳和连长安立贤带领下，同一时间包围了董岗的敌人。董岗据点日、伪军有百余名，并配备有两挺机枪。战斗打响后，杨时芳和二连连长安立贤，一面指挥战士们利用街道地形向据点靠近，一面向据点内的敌人喊话："顽抗到底，绝对没有好下场。"敦促他们缴枪投降。这时，据点内的敌人停止了射击，但敌人利用假谈判，拖延时间等待援军的伎俩，迅速被我军识破。连长随即命令部队占领有利地形，发起强攻。由于地形对敌有利，两次强攻未能奏效。天亮前，支队主动撤出战斗。但敌人未等到援兵，并发现茶庵据点已经失守。董岗之敌不敢久留，天亮后全都撤到了中牟县城。

原阳县抗日支队在李进军、苏友明、杨时芳带领下，一夜之间，攻克茶庵，吓退董岗之敌，迫使杨桥据点之敌惊慌逃离，等抗日支队的一连、二连到达时，已不见杨桥日、伪守军的踪影。为了防止敌人反扑，抗日支队当即决定，留下一部分战士，分别防守三个据点，其余战士撤回官厂以南待命。

当天夜里，卞城、李进军召开县委扩大会议，决定在中牟县的杨桥、董岗建立五区、六区。杨桥一带为五区，区长由银友贤担任，区干队队长由李全夺担任。董岗一带为六区，区长由孙承志担任，区干队队长由宋世良担任。两个区干队各配有30多人，枪支除缴获的一部分外，县支队又拨给一些。同时要求这两个区抓紧配备干部，收集枪支，扩充实力，以防敌人反扑。原阳县抗日支队进军中牟打开了新的局面，在顺黄河大堤以南地带20多公里，人口有万余人，游击区域从申庄到达东漳以东。原阳、中牟两片游击区隔河相望，相互依靠支持，像扎进日军腹地的一把尖刀。他们到处袭击敌人，日军惶惶不可终日。

二十七、卞城布局　抗击扫荡

原阳县抗日支队进军中牟，围攻阳武，使两座县城的日军闻风丧胆。驻新乡日军机关长和开封日军机关长紧急协商后，调整兵力，加紧部署，妄图扑灭这团抗日的火焰，解除郑、汴、新之间的心腹大患。

日军占领原武后，建立起一支100余人的警备队。一天夜里，原武中学党组织获得日军近期要围剿官厂一带的情报，连夜将情报送到县支队长卞城驻地。第二天，卞城、李进军召开支队干部会议。会上，分析了驻原武、阳武二县日军和杂牌军的现状，研究了应对措施。

夏季的天气，昼长夜短。子夜，一声鸡鸣，布谷鸟叫，大麦先熟。驻县城日军紧急集合后，日军军官平田一声令下，日、伪军100多人向官厂一带出发，进行所谓的夏季扫荡。

当日、伪军走出南关，向东南进犯时，原武中学的党组织派专人用火光传出信号，大董庄、张固、马庄接到信号传至官厂。县支队接到信号后，火速组织200多人赶到堤东占领阵地，依托黄河大堤，准备迎战。当时卞城、李进军、苏友明、杨时芳都亲临现场，分别到各连指挥，并规定在敌人上大堤时，以卞城枪声为令，一齐开火，阻击日、伪军。

日军指挥官平田和小野举着指挥刀，督促日、伪军向黄河大堤上冲，当日、伪军冲到大堤半坡时，卞城一声枪响，一颗手榴弹在敌群中开花，敌人丢下七八具尸体退到堤下。平田气急败坏地在后面鸣枪督战，敌人立即组织第二次冲锋。县支队占据有利地形，组织火力猛打。日、伪军始终过不了大堤，又死亡10多人，狼狈逃走，龟缩到了城内。

县支队粉碎日、伪军扫荡的胜利，极大地鼓舞了堤南抗日军民。首次打退敌人进攻，而我军无一伤亡，不少村民拿着鸡蛋、大枣等慰问品，到县支队慰问子弟兵。赵丁老大爷抓了几条鱼，拿到县支队慰问，并说："卞队长、李政委，你们打得好，有你们在老百姓就有主心骨了。这鱼你们一定得收下。"县支队在驻地得到百姓们的拥护和款待，更加增强战胜敌人、保卫解放区的信心。卞城和李进军领着支队干部，回到各连，督导练兵，迎接新的战斗。

半个月后，平田伙同阳武日军，联合向官厂一带扫荡。联队有日、伪军200多人，妄图一举扑灭这股抗日火焰。县支队在卞城、李进军等同志领导下，早在官厂一带的黄河大堤设防，县支队和四个区干队分段把守，并组成了射击队、投弹队、拼刺队、担架队、后勤队。日、伪军靠近黄河大堤时，射击队迎头痛击，战斗异常激烈。当日、伪军接近大堤顶端时，投弹队一排手榴弹打过去，敌人慌忙后退，乱作一团。有一股日、伪军冲过大堤，卞城沉着指挥，首先断敌退路，紧接着把冲过大堤的这股日、伪军压缩在两坝中间。县支队迅速调整部署，将冲过大堤的日、伪军全部包了饺子。大堤北面的日、伪军，冲锋几次未能成功，只得丢下几十具尸体，败兴而归。

两次粉碎日、伪军的扫荡，打出了原阳县抗日支队的威风，有力地打击和震慑了日伪军，使日、伪军龟缩在县城不敢轻易出动，同时也极大地鼓舞了全县抗日军民的信心。卞城和李进军及时召开了战斗总结会，总结了反扫荡的经验，在全县干部扩大会议上，让大家充分发表意见，提出建议。根据会议提出的问题和建议，县支队主要领导人进行专题研究，做出如下决定：一是坚决保卫已解放地区，继续抗击敌人扫荡；二是抓紧培训骨干，配备各区干部，加强区干队力量；三是扩大游击区域，向县城周边发展；四是加强警戒和通信联络，有力地指导全县抗日斗争。

一天下午，中牟五区、六区派人来到官厂汇报工作，说中牟县内线传出情报，敌人近期可能对五区、六区进行扫荡，卞城要求两区区干队做好反扫荡战斗准备。命令一连就地待命，随时准备参加中牟县境内反扫荡战斗，并规定了联络信号。当天深夜，河滩哨兵跑来报告中牟方向有枪声，卞城当机立断，让一连在杨时芳、苏友明带领下，以急行军速度过河参加战斗。当一连前进到黄河中间时看到了对面的联络信号，两堆燃烧的大火，连长命令跑步前进。

这天夜里，驻中牟日军出动一个中队和100余名伪军前来扫荡，妄图一举将抗日烽火扑灭。县支队一连在连长夏邑山的带领下，行至中牟十里店村时，正面与日、伪军遭遇，当时日军火力很猛，战斗异常激烈，日军攻进十里店，一连退至黄河大堤，占领了有利地形。日伪军向大堤猛攻，一连集中火力，打退了日、伪军的进攻。一连看到日、伪军败退，迅速调整部署，加强火力，迅猛攻击，一鼓作气攻进十里店村。这时，日、伪军加强火力，酣战数小时后，日伪、军企图夺回失地。县支队一连两次退到黄河大堤。日军反复冲锋，日军一个小队从西面迂回到黄河大堤上，东面伪军也冲上大堤，县支队一连处于敌人三面包围之中。同时又发现日军西面来了增援部队。一连这才向北撤出战斗。这次战斗进行了4个多小时，打死、打伤日、伪军20多人，县支队一连排长范意庭英勇牺牲，闫宋顺班长等5人负伤。

太阳西下，日、伪军打了一阵枪炮后，向中牟驻地撤走。县支队留下区干队一连退到官厂一带休整。

根据目前对敌斗争的形势，县委和抗日支队一班人，当即决定分别下到各区，具体指导对敌斗争，根据敌情的变化，采取多种形式在三县广大地区开展对日、伪军的斗争。

官厂区区长赵恒和一连连长夏邑山，担负保卫县抗日民主政府和县支队机关的重要任务。一连在夏连长带领下，召开会议，研究如何更准确掌握敌情，主动出击，不能坐以待毙。会后决定将观察哨设在县城边，每个村庄设信号员，敌人只要一出城，情报快速传递到官厂指挥部。同时还规定从县城到官厂，一路上每个村庄层层设防。各村都在选好的地形上开挖战壕，便于县支队分段抗击敌人。赵恒区长工作更细，他把从县城边跑到各村阻击点需要多长时间都做了详细统计。

二区区长孟厚和驻马庄区干队靳世超，两人相互配合，对敌斗争工作有声有色。他们先后在所辖区各村建立起民兵组，由各村选出民兵队长配合区干部队。白天各村有民兵值班，夜里有民兵站岗，有力抵制了周边的地主武装和小股土匪袭扰。马庄村的兰长营、王喜章主动把枪支交给孟厚，并积极参加抗日斗争，在全区起到了带头作用，受到了表彰。

三区区长郭超、区干队队长李文超二人，足智多谋。他二人带领30多人的区干队，同日、伪军巧妙周旋，日、伪军到处扑空。为了破坏敌人的通信联络，每到晚上便到不同地点割电话线。敌人白天接上，晚上又被割断。破坏最长的一段电话线达3公里，经常使敌人电话不通，为打击日、伪军创造了有利条件。

四区区长冯靖和区干队队长王来宾两人，带领区干队不断打击日伪军。一次，一部分日、伪军在小股土匪配合下，到四区所在地催粮要款，区长冯靖得知消息后迅速组织区干队30多人，截获了600块银圆和数千斤粮食。日、伪军丢下枪支弹药，急忙逃回阳武据点。

中牟县境内的五区、六区，在银友贤、孙承志区长的带领下，两个区干队集中活动，开展多种形式的游击战，有力打击了日、伪军，巩固壮大了区干队的力量。

正当原阳县在卞城、李进军的领导下开展轰轰烈烈的对日斗争时，一股较大的杂牌武装正从开封向官厂根据地开来。这支武装被国民党封为豫北挺进军第二纵队第六支队，被日军封为原阳、延津、封丘县剿共自卫团，成了地地道道的汉奸杂牌军。在司令张明乡，副司令岳华亭、周之贺的带领下，勾结日军，狼狈为奸。他们经常到四县边缘地区和中牟县内，抢粮征款，草菅人命。还纵容部下奸污妇女，抢劫财物，坏事做尽。很多人被逼得家破人亡、妻离子散，有的干脆到外地谋生。四县百姓对这股武装恨之入骨。六支队依仗人多势众，有日本人做靠山，又勾结中牟县皇协军张国臣部，联合原武、阳武土匪2000多人对原阳县抗日民主政府管辖的各区发动了大规模的进攻。

面对四倍于我军的敌人，卞城、李进军、杨时芳、郭超、苏友明、刘子芳等人和各区干队，分头阻击，边打边退。敌人从中牟西区一路打来，首先进攻判官村、黄练集。郭超带领区干队，在刘庄阻击敌人，一阵激烈战斗过后，王晓康指导员腿部负伤，一班班长英勇牺牲。与此同时，其他区干队也有人员牺牲。敌人占领了判官村和黄练集后，一路西行，进攻马庄区。在沿途各村，到处制造流血事件，抢劫财物。在马井村，一股土匪把尚云海吊到天爷庙前的槐树上，打得死去活来，把马国标反捆着双手塞进了铡刀，并对参加八路军县支队的家属进行疯狂报复。这次六支队大规模的进攻使根据地和游击队遭到了很大破坏。

面对这一严酷的斗争形势，上级党委及时做出决定，要求原阳县委县支队，除留一部分有斗争经验的人员坚持斗争外，其他干部撤到林县根据地，进行学习休整。县支队200多人也随部队进山休整。

二十八、强弩之末　胜利曙光

拂晓，卞城、李进军彻夜未眠，两人不约而同地坐在一起。一个多月了，抗日民主政府各连队、各区干队浴血奋战，进进退退，和六支队不断交手。有的单位联系不上，全局情况很难掌握。据兰长营、尚良的报告，各单位在独立作战中打死、打伤不少敌人，我们自己也有一定伤亡，区队长宋世良英勇牺牲，还有1名排长、2名班长和10多名战士负伤。但是最让人担心的是刘子芳被抓走，另外一起被六支队抓走的还有赵恒、郭超等同志的家属，共有100多人。他们的人身安全没有保证，有不少人惨遭毒打。日军会不会趁机袭击？我们应采取什么对策？如何突破这黎明前的黑暗？很多问题萦绕在他俩的脑海里。

一个漫长的黑夜，一阵凉风吹过，天色渐渐放亮。卞城和李进军通过一整夜的研究分析，做出了以下决定：一是立即派人进山汇报这里的情况，并将六支队副司令岳华亭的父亲作为人质押送到山里交给上级组织处理。在确保双方人质安全的情况下，提出交换条件和地点。二是请求上级派部队打击一下六支队的嚣张气焰，把他们赶出解放区。三是组织现有力量突袭小股敌人，防止驻城日军袭击。两人走出屋子深吸了一口凉气，这时天已大亮，下定决心后，立即派郭超、赵恒等人落实。一抹朝霞，使二人心里亮堂了许多。

杨小毛和祝二娃带着卞城的汇报信日夜兼程来到辉县根据地，找到了中共太行山第七地委组织部部长李友久。他们从怀里掏出卞城的信件，并把自己的所见所闻口头向李部长做了汇报。李部长当即说："你们两人休息一下，我们马上召开会议研究，明天你们把指示带回去。"

一大早，李友久将信口上画有三条红杠的信交给了杨小毛，并嘱咐他俩路上一定小心，日夜兼程赶回去，将信亲自交到卞城手里。

在沙河南西王屋村一户农家屋内，杨大爷给牲口添好草，对卞城说："我到外边看着点，你们几个继续开会吧。"孟厚从墙上取下油瓶，添满油灯。这时杨小毛和祝二娃闯进屋里，杨小毛从怀里掏出李部长的回信。卞城赶快打开信件，边看边念，在场的人听了，无不欢欣鼓舞。卞城最后归纳为三条意见：一是面对强敌不能硬拼，要抽调200人的队伍进山休整、学习、训练，一个月后配合主力反攻。二是山里主力已派人和六支队联系，在确保人质安全的情况下，进行交换。三是教育我们的同志，我们不是失败而是主动撤退，是为了变被动为主动，为今后反攻创造条件。日、伪军已是强弩之末，狗急跳墙了。在辉县上八里的山沟里，驻着原阳支队的两个连和卞城、赵恒、郭超、孙月新、杨挺标等第二批撤进山的领导同志。中共原武、阳武县委留下李进军和少数干部骨干，仍在当地坚持斗争。

以卞城为首的中共原阳县领导同志撤到辉县后，在中共第七地委的直接领导下，进行学习、休整，总结经验教训。当时重点是学习中共第七次代表大会文件，学习毛泽东的报告《论联合政府》、朱德的报告《论解放区战场》和刘少奇的《关于修改党的章程》的报告，地委派出领导亲自参加原阳县的学习，边学边议边提高。一是提高中共原阳县委领导和支队干部战士的理论水平，纠正在执行党的统一战线政策上的偏差，在总结经验教训的基础上，大家一致认为，在思想上求胜心切，有蛮干的现象。突出表现在与六支队的战斗中。抓捕岳华亭的父亲是一次失策行动，在没有战胜日军的情况下，导致六支队和其他杂牌武装对抗日民主政府大举进攻，使得县委和县支队被迫撤出原武、阳武县境。能否正确执行党的政策是革命成败的关键。二是通过学习，解决思想混乱、纪律松弛的问题。县支队许多新战士，在深入学习的基础上进行诉苦教育，亮思想，摆问题，改掉恶习，增强听从指挥、遵守纪律的自觉性。三是边学习边训练，提高军事技能。大家一致认为，这次学习、整顿，非常必要，非常及时，对完成今后的战斗任务，将起到重要作用。

根据地委指示，县支队又一次进行整编。原阳支队改编为49团，团长卞城，副团长苏友明、孙天禄，政治委员李进军，副政治委员杨时芳，共编成五个连队。另外还有特务连，共计500多人。战斗力得到了加强，为下一步战斗奠定了组织基础。

在地委的指导下，经岳华亭部和县抗日民主政府协商，确定了双方被俘人员交换办法。县支队派人将岳华亭的父亲送到原阳县安庄村，六支队将刘子芳、李英和卞城的母亲送到获嘉县的望阁楼村。双方人质问题得到了妥善解决。

1945年8月8日，苏对日宣战。美国在太平洋战场上加紧对日军进攻。9日，苏联红军进入中国东北。这些都促进了中国抗日战争胜利的到来。8月15日，日本宣布无条件投降。中国人民在国共合作下，终于赢得了抗日战争的胜利。

日本虽然无条件投降，部分驻华日军仍负隅顽抗，做垂死挣扎。冀鲁豫军区第四分区司令员赵东宇、政治委员张国华率部进攻阳武县城。驻阳武县城日、伪军见八路军来势凶猛，弃城而逃。阳武光复。

八路军撤出阳武后，六支队这支汉奸武装趁机重新占领县南关。9月间，为了彻底消灭这支汉奸队伍，冀鲁豫八路军进攻阳武县城，在县南关与六支队展开激烈战斗，日军司令官高桥部命令炮兵向八路军阵地开炮，支援六支队。八路军打死、打伤一批敌人后，撤出战斗。

在辉县太行山上八里49团驻地，地委组织部长李友久正在下达战斗命令："从今天起，你们这支部队改名为'东进支队'，走出太行，到原武、阳武战斗，对那些不投降的日、伪军，上级要求你们坚决消灭他们。"东进支队官兵一听说要打回老家去，个个精神抖擞，斗志昂扬。经过一个多月的休整、学习、训练，都提着一股劲儿。这时李进军下达出发命令，并抽出30多名骨干，组成武装工作队，先到原武周边侦察敌情，铲除汉奸。与此同时，七分区一团又派出一个特务连一同前往。部队行至修武县境内，太行军区第七军分区命令49团攻打武陟木栾店。城内杂牌武装近1000人，据力防守，49团一度失利。随后，分区另外两个团赶到，迅速攻克木栾店，消灭了这支杂牌武装。紧接着部队在李进军的领导下，一路向东进发。当行进到原武县南的马庄、兰庄、贺厂一带时，连夜进行战斗动员，准备攻打原武县城。

东进支队49团，在李进军带领下，分路越过黄河大堤，向原武城进攻，国民党委派到原武城的官员闻讯而逃。中共原阳县委书记李进军率领部队，顺利入城。全城百姓像见到久别的亲人那样，欢迎这支人民武装。李进军迅速召开干部会议，安排部署三件事。一是张贴标语，宣传群众，安定民心，要求各连队严格遵守三大纪律八项注意，按照四街三关分工，逐户进行宣传；二是派出专人通知地方乡绅、知名人士，欢迎到八路军参加工作；三是由蔡文秀、杨挺标的武装工作队，将罪大恶极的汉奸和群众反映强烈、民愤极大的恶霸立即抓捕关押，择期召开宣判大会。

不到一周时间，整个原武城面貌一新。城的周边有八路军站岗巡逻，城内满街标语，商户井然有序，群众谈笑风生。县委一班人跑来跑去，积极工作。社会名流学习了毛泽东的《论联合政府》和上级有关文件，与会人员深受教育。扩大了共产党在人民群众中的影响，对安定民心起到了良好作用。

这一天，正逢原武古会，县委在原武中学召开群众大会，处决汉奸。人们三五成群来到会场，原阳县民主政府采取果断措施，将伪原武县政府宣传室主任王守得、新民事务部长王守仁、维持会会长娄青坡，以及土匪头子娄彦贞、娄全福押上会场。大会由县委书记兼支队政委李进军主持，首先，由县委成员李惠民宣布这5个人的罪行。这5个人杀人抢劫，无恶不作，被执行枪决！赵恒带领武装工作队将这几个人拉到南关，一阵枪声过后，满城百姓拍手称快。枪声、鞭炮声响彻古城。往日不可一世的汉奸走狗，今天得到了应有的惩罚。

当天夜里，郭超听几个队员汇报了留园村娄本宇纠集土匪武装上百人在当地无恶不作、欺压百姓的事。听完汇报，李进军等人也说这几天有不少群众来反映这股土匪的罪行。

第二天夜里，支队派出两个连将这股土匪团团包围，通过喊话，大部分土匪投降和逃跑，但仍有30多名匪徒拒不投降。几个队员占领房顶后，将柴草点燃投进屋内。匪首娄本宇怕被烧死，率先出来缴械，民主政府将多数土匪经过教育后释放，将匪首娄本宇拘押。

镇压了汉奸土匪后，广大群众欢喜异常，都说共产党是人民的救星，八路军是人民的军队，民主政府是人民的定心丸。

后记

不忘国耻，珍爱和平，教育后人奋发向上，积极工作，实现中华民族伟大复兴的富国强军梦，是我创作《黄河湾——黄河岸边的抗战》的一条主线。

在举国上下纪念抗日战争胜利70周年之际，我以原阳县革命斗争史为基础，多年来，走遍了原阳的村村落落，寻找采访百位亲历当年战斗的高龄老人，揭露日军在原阳等地烧杀抢掠的罪行。同时也采访到在抗日战争中，在毛主席的人民战争思想的指引下，在统一战线的旗帜下，全民抗战的英雄事迹，在声讨日军罪行、歌颂抗日英雄这条主线里，把抗日阶段的事迹编写为纪实文学《黄河湾——黄河岸边的抗战》。

我自知文化水平低，从未写过一篇文章。

这篇处女作还有很多不足之处，望广大读者给予批评斧正。

在此，我衷心感谢原阳县委书记、原阳县解放老区促进会主任娄继修，以及退休教师李西民的大力协助。

尚道庆

2015年2月5日